Adolf Mayer

Die Ernährung der landwirthschaftlichen Kulturpflanzen

Adolf Mayer

Die Ernährung der landwirthschaftlichen Kulturpflanzen

ISBN/EAN: 9783743312241

Hergestellt in Europa, USA, Kanada, Australien, Japan

Cover: Foto ©berggeist007 / pixelio.de

Manufactured and distributed by brebook publishing software
(www.brebook.com)

Adolf Mayer

Die Ernährung der landwirthschaftlichen Kulturpflanzen

Verlag von WIEGANDT, HEMPEL & PAREY in Berlin.

THAER-BIBLIOTHEK.

Die bedeutendsten Kräfte auf dem Gebiete der landwirthschaftlichen Literatur haben sich vereinigt, um in der Thaer-Bibliothek eine Collection von Büchern zu schaffen, welche auf wissenschaftlicher Basis, aber in gemeinverständlicher und knapper Darstellungsweise je ein Gebiet der Landwirthschaft behandeln.

Bei der nahen Beziehung der Landwirthschaft zu Gartenbau und Forstwesen werden selbstverständlich auch diese Gebiete berücksichtigt.

Der Name **Thaer-Bibliothek** giebt der Verehrung Ausdruck, die alle an dieser Collection Betheiligten erfüllt für den grossen Mann, welcher der Vater der rationellen Landwirthschaft genannt werden muss und zu dessen Gedächtniss die Thaer-Bibliothek ein neues Denkmal ist.

Die Bände der Thaer-Bibliothek gelangen nicht in brochirtem Zustande, sondern sämmtlich fest und geschmackvoll in englisch Leinen gebunden zur Ausgabe.

Jeder Band ist einzeln verkäuflich und kostet 2½ Mark (= 25 Sgr.,) ein Preis, welcher nur mit Rücksicht auf eine grosse Verbreitung der Bände so niedrig normirt werden konnte.

Ungefähr alle zwei Monate wird ein Band zur Ausgabe bereit sein. Das gegenüberstehende Verzeichniss enthält die Bände, welche vorläufig in die Thaer-Bibliothek aufgenommen wurden; es sind theils im Druck befindliche neue, theils bereits erschienene bewährte Bücher, resp. neue Auflagen derselben und Werke, welche die betreffenden Autoren noch unter der Feder haben.

Die Reihenfolge des Verzeichnisses ist nicht unbedingt massgebend für die Reihenfolge in der Ausgabe der einzelnen Bände. Uebrigens sind alle in dem Verzeichniss mit einem * bezeichneten Bände fertig und also auch vor der allgemeinen Ausgabe an die Subscribenten auf Wunsch sofort zu beziehen.

Die Bücher eignen sich ebenso zum Selbstunterricht, wie zu Lehrbüchern für Landwirthschaftliche Lehranstalten und bilden in ihrer Gesammtheit — weitere Fortführung vorausgesetzt — eine vollständige landwirthschaftliche Hausbibliothek, in welcher man bei keiner Gelegenheit vergeblich um Rath suchen wird.

Wir empfehlen zahlreiche Subscription auf die **Thaer-Bibliothek** und machen darauf aufmerksam, dass die Subscribenten in jedem Bande ein abgeschlossenes Ganze erhalten, und dass sie selbstverständlich berechtigt sind, die Annahme der Bände, welche ihnen nicht conveniren, zu verweigern.

Zu beziehen durch jede Buchhandlung.

Die Ernährung

der

landwirthschaftlichen

Kulturpflanzen.

~~~~~~~

Von

Dr. Adolf Mayer,

a. o. Professor an der Universität Heidelberg.

Berlin.

Verlag von Wiegandt, Hempel & Parey.

Verlagsbuchhandlung für Landwirthschaft, Gartenbau und Forstwesen.

1876.

Vorwort.

Der Verfasser hat es in vorliegendem Buche versucht, die Hauptsätze der modernen Pflanzenernährungslehre auf einen kleinen Raum zusammenzudrängen und durchaus gemeinverständlich abzuhandeln. Plan und Eintheilung seines größern, jüngst in zweiter Auflage erschienenen Werkes über den gleichen Gegenstand „Lehrbuch der Agrikulturchemie, I. Theil." (Heidelberg bei C. Winter, 1876) sind dabei beibehalten worden; nur ist an die Stelle der abstrakten, den großen Leserkreis abschreckenden Sprache die bildliche Redeweise des gewöhnlichen Lebens gesetzt worden. Sogar die chemischen Formeln sind vermieden.

Es handelt sich um einen Versuch, der, wenn er glücken sollte, in einem zweiten Bande der Thaer=Bibliothek auch auf den übrigen Theil der Agrikulturchemie ausgedehnt werden würde.

Heidelberg, den 16. Februar 1876.

Adolf Mayer.

Inhalts-Verzeichniß.

1. Abschnitt.
Die Erzeugung der verbrennlichen Stoffe in der Pflanze.

VIII Inhalts-Verzeichniß.

3. Abschnitt.
Die stickstoffhaltigen Bestandtheile der Pflanzen.

4. Abschnitt.
Die unverbrennlichen Bestandtheile der Pflanzen.

5. Abschnitt.
Die Stoffaufnahme und der Stoffaustausch der Pflanze.

1. Abschnitt.

Die Erzeugung der verbrennlichen Stoffe in der Pflanze.

———

1. Wenn man einen praktischen Landwirth frägt, zu was Ende er seine Felder bebaue, so wird er wohl nicht um eine Antwort verlegen sein. Ist es doch klar genug, daß er die Produkte seines Ackerlandes nach Außen hin verwerthen kann oder in seinem Stalle zur Viehfütterung benutzt. Und doch ist es ohne die Hülfsmittel der Wissenschaft nicht leicht, eine allgemeine Antwort zu geben, welche die Erzeugung so verschiedenartiger Produkte, als da sind: Korn, Oelfrüchte, Wurzelfrüchte u. s. w. in sich begriffe. Man wird nun freilich fragen, welchen Vortheil es habe, für diese verschiedenen Felderzeugnisse einen gemeinschaftlichen Gesichtspunkt aufzufinden. Darauf ist zu erwiedern, daß wenn wir solche allgemeine Eigenschaften in scheinbar abweichenden Naturkörpern vorfinden, auch Aussicht vorhanden ist, daß dieselben auch weiterhin allgemeinen Gesetzmäßigkeiten unterliegen; und dann ist soviel klar, daß die Kenntniß solcher auch vermuthlich mit der Zeit Anhaltspunkte für eine möglichst billige Erzeugung jener Körper an die Hand geben wird. Die Wissenschaft lehrt uns z. B., daß in gewissen Gesteinsarten, wenn man es ihnen auch nicht ansieht, Eisen oder Quecksilber vorhanden ist, und diese Einsicht ist natürlich der erste Schritt zu der praktischen Ausbeutung jener Metalle.

Die Antwort auf jene Frage nun lautet ganz bestimmt

1*

und mit unbeschränkter Einmüthigkeit: Der Landwirth er=
zeugt auf seinen Feldern verbrennliche Pflanzenstoffe,
oder mit Fremdworten, in denen die Wissenschaft zu reden
liebt, vegetabilische organische Substanz.

2. Wir müssen bei der Bedeutung dieser Ausdrücke einen
Augenblick verweilen, um sodann die aufgestellte Behauptung
auch strenge zu erweisen.

Daß er von den Feldern Pflanzenstoffe heimführe, braucht
man dem Landwirthe nicht als eine Neuigkeit zu erzählen, und
die Verbrennlichkeit scheint demselben ein sehr unwesentliches
Merkmal zu sein. Er hat wohl gesehen, daß ein Heuhaufe
von selber in's Rauchen und Glimmen gerieth, oder daß man
zur Noth mit Stroh Feuer anmachen kann. Dagegen erscheint
ihm eine Rübe als ein sehr ungeeignetes Heizmaterial. In der
That versteht man unter Verbrennung in der chemischen Wissen=
schaft auch nicht die Fähigkeit eines Stoffes, auf einen hohen
Wärmegrad gebracht, Feuer zu fangen und lichterloh zu einem
Häuflein Asche zu verbrennen. Flamme und Feuer unter diesen
Umständen zu zeigen, ist für den Chemiker nur eine unter=
geordnete Eigenthümlichkeit besonders derjenigen Verbrennungs=
vorgänge, welche sehr rasch und energisch erfolgen; ähnlich wie
eine sehr starke Reibung auch merkbar Wärme, ja die eines
ungeschmierten hölzernen Rades sogar Feuer erzeugen kann.
Deßwegen ist die langsame Reibung doch auch eine Reibung.
Gerade so haben die Chemiker ausfindig gemacht, daß genau
dieselben Vorgänge, welche bei einer flammenden Verbrennung
statthaben, sehr häufig in der Natur, obschon langsamer vor
sich gehen, ohne daß von dieser auffallenden sinnlichen Er=
scheinung etwas wahrzunehmen wäre. Der Baumstamm, welcher
nicht zerkleinert und in den Ofen geworfen wird, sondern wie
im Urwalde modernd am Orte seines Niederfalls liegen bleibt,

auch er verschwindet langsam von der Oberfläche; und zwar
löst er sich in genau dieselben luftförmigen Bestandtheile auf,
wie die im Ofen flammenden Scheite. Die Wissenschaft ur-
theilt nun aber nicht nach dem bloßen Augenschein, sondern,
soweit ihr dies möglich, nach dem inneren Wesen der Dinge
und nachdem sie einmal festgestellt hatte, daß in beiden Fällen
das Gleiche vor sich geht, nur in verschieden rascher Weise,
achtete sie die Wirklichkeit höher als den Schein, und bezeichnete
auch jene sogenannte Verwesung als eine Art von Verbrennungserscheinung.

So gefaßt, können Dinge verbrennen, die mit Feuer in
Berührung niemals eine Flamme geben. Ja auch die Haupt-
vorgänge im Körper der Thiere und des Menschen erweisen sich
als Verbrennungsvorgänge. Daher auch der übliche aber natürlich einseitige Vergleich des Thierkörpers mit einer Dampfmaschine, unter welcher Kohlen verbrannt werden. Und so gefaßt, sind die Feldprodukte wesentlich vor Allem verbrennliche
Produkte, wie sie gerade als Nahrungsmittel von Thier und
Mensch jener besonderen Form von Verbrennung unterworfen
sind, welche sonst unter dem Namen von Athmung bekannt ist.
Dazu dienen auch einige Feldprodukte, wie namentlich die
Pflanzenöle, ebenso die Erzeugnisse des Waldes, welche ja auch
mit unter die von uns aufgestellten Gesichtspunkte fallen, wirklich
zu jener glänzendsten Verbrennungserscheinung, die nach dem
volksthümlichen Sprachgebrauch am Meisten diese Bezeichnung
zu verdienen scheint; und die andern brennen wenigstens alle,
wenn man sie durch Austrocknung vom Wasser befreit, was
freilich in den meisten Fällen eine wenig ökonomische Verwendung darstellen würde.

3. Nach dieser Auseinandersetzung wird schon eher klar
sein, was wir unter verbrennlichen Pflanzenstoffen verstanden

wissen wollen. Ganz klar wird dies freilich erst, wenn wir aus=
führen, worin denn eine Verbrennung eigentlich besteht. —
Hierauf hat nun die Chemie schon vor beinahe hundert Jahren
die seitdem in die breitesten Schichten des Volkes gedrungene
Antwort gegeben, daß eine Verbrennung eine Verbindung
mit Sauerstoff sei. Die genannte Wissenschaft hat bekantlich
mit dem größten Erfolge alle stoffliche Veränderung, welche wir
an der Körperwelt um uns wahrnehmen, auf die Verbindung
und wieder erfolgende Trennung einer verhältnißmäßig kleinen
Anzahl von in sich durchaus unveränderlichen Stoffen, sog.
Grundstoffen, zurückgeführt. Wenn das Eisen in feuchter Luft
rostet, so begnügt sich der Chemiker nicht mit dieser einfachen
Beobachtung und mit dem praktischen Ausdruck für dieselbe,
daß das Eisen nun verdorben sei, sondern er stellt fest, daß zu
dem Eisen, welches wie alle Metalle als Grundstoff aufgefaßt
wird, noch ein luftförmiger Grundstoff aus dem Dunstkreis hin=
zugetreten ist, und daß dann beide zusammen einen dritten Stoff
von ganz neuen Eigenschaften, welchen wir eben Rost nennen,
bilden. Als stärkster Beweis dafür, daß diese Auffassung die
richtige ist, muß gelten, daß die chemische Verbindung, in un=
serem Falle der Rost, genau soviel wiegt, als die beiden Grund=
stoffe, in unserm Fall das Eisen, und der luftförmige Körper
vorher zusammen wogen, und derjenige Chemiker, Lavoisier,
welcher vor hundert Jahren für mehrere chemische Verbindungen
zum ersten Male diesen Nachweis führte, wurde naturgemäß
der Begründer dieser neuen und auch für das praktische Leben
so fruchtbringenden Anschauungen.

Die erste Rolle unter den Grundstoffen, aus welchen die
ganze bunte Erscheinungswelt als zusammengesetzt betrachtet
werden muß, spielt der Sauerstoff, so genannt nicht, weil er
sauer schmeckt oder riecht, sondern, weil man in den meisten

Säuren ansehnliche Mengen von ihm angetroffen hat. Derselbe ist als unverbundener Grundstoff selber, nicht der Masse, aber der Wirkung nach, der hauptsächlichste Bestandtheil des Dunstkreises, in welchem wir athmen. Die so ganz außerordentliche Stellung dieses luftförmigen Grundstoffes rechtfertigt es, daß man die Verbindungsvorgänge anderer Körper mit diesem unter einem besonderen Ausdrucke begreift, nämlich als Verbrennung bezeichnet. Jetzt ist es auch noch deutlicher zu fassen, warum der Chemiker auf die bloße Form dieser Verbrennungserscheinung, ob sie gleichsam festlich mit Illumination oder unmerklich in der Stille sich vollzieht, so wenig Werth legt. Sauerstoff verbindet sich mit den Bestandtheilen eines Heuhaufens, ob ich ihn in Brand stecke, ob ich ihn an Thiere verfüttere, oder ob ich ihn langsam auf der Wiese verwesen lasse; und in allen diesen Fällen bilden sich auch die nämlichen luftförmigen Verbrennungsprodukte, welche alsdann dem Dunstkreis zuströmen.

4. Aber der Erkenntniß, worin Verbrennung besteht, muß sich nothwendig die Erkenntniß anreihen, worin sie in unserem Falle besteht, oder warum gerade die Bestandtheile der trockenen Pflanzen ausnahmslos die Fähigkeit haben, sich mit Sauerstoff zu vereinigen. Die allerverschiedensten Grundstoffe sind zwar verbrennlich, vereinigen sich leicht mit Sauerstoff, so daß die Behauptung der Verbrennlichkeit nichts Anderes voraussetzt, als daß die betreffenden Grundstoffe zur Zeit noch nicht mit Sauerstoff verbunden seien, oder wenigstens noch nicht mit der ganzen Menge von Sauerstoff, welcher bei einer vollständigen Verbrennung aufgenommen werden kann. Schlechthin unverbrennliche Körper sind aus demselben Grunde eigentlich nur solche, die bereits ihren genügenden Antheil Sauerstoff in sich einschließen, oder, wie wir diese charakteristisch genug nennen, verbrannte Körper. In diesem Falle sind z. B. nicht blos die

Aschen, sondern alle unsere natürlichen Felsarten, auch das
Wasser, Verbindungen, welche sammt und sonders schon zu
einem sehr großen Bruchtheile aus Sauerstoff bestehen. Deß=
halb ist es nicht genügend, wenn ich anführe, daß man in den
verbrennlichen Pflanzenstoffen von wesentlichen Bestandtheilen
zwei Grundstoffe, den Kohlenstoff und den Wasserstoff,
unter allen Umständen angetroffen hat. Dies wäre für die
Verbrennlichkeit nichtssagend. Ich muß nothwendig hinzufügen,
daß diese Grundstoffe in dem Pflanzenleibe mit einer weitaus
ungenügenden Menge von Sauerstoff verbunden sind, um als
völlig verbrannte Körper gelten zu können. Man kommt der
Wahrheit ziemlich nahe, wenn man in dieser Beziehung angibt,
daß ungefähr nur ein Drittel des Gewichtes von Sauerstoff,
welches überhaupt von den anderen Grundstoffen des trockenen
Pflanzenleibes aufgenommen werden könnte, schon daselbst in
Verbindnng mit diesen angetroffen wird, oder auch, daß im
Durchschnitt die trockenen Pflanzenstoffe noch ihr gleiches Gewicht
an Sauerstoff aufnehmen können, um zu völlig verbrannten
und dann natürlich unverbrennlichen Körpern zu werden.

Kohlenstoff und Wasserstoff sind aber für den Nichtchemiker
bloße Namen, bei denen sich Nichts denken läßt. Als sinnliche
Anhaltspunkte mögen hier gelten, daß unsere gewöhnliche Holz=
kohle oder auch die Gascoaks im Wesentlichen aus diesem
Kohlenstoffe bestehen, und daß der Wasserstoff eine sehr leichte
Luftart ist, die selbstverständlich verbrennlich ist. Man denke
sich das gewöhnliche Leuchtgas, welches thatsächlich auch sehr
reich an Wasserstoff ist, frei von Geruch und mit einer nicht
leuchtenden Flamme wie der Weingeist brennend, und man hat
eine ziemlich klare Vorstellung von der Natur dieses Grund=
stoffs, welcher seinen Namen daher hat, daß er mit Sauerstoff

verbunden oder völlig verbrannt, die allbekannte Flüssigkeit, das Wasser bildet.

Die Natur dieser Grundstoffe ist nun freilich in den Pflanzenstoffen, die sie zusammensetzen, nicht ohne Weiteres erkenntlich. Aber das ist ja gerade das Wesen der chemischen Verbindung. Wie man im Roste nicht sofort das Eisen, wie man im Zinnober nicht sofort das Quecksilber herausmerkt, so erkennt man in dem verbrennlichen Pflanzenleibe durch die bloße Anschauung nicht den Kohlenstoff und nicht den Wasserstoff. Aber so wie man durch gewisse Vorkehrungen, unter welchen vor Allem das Erhitzen eine große Rolle spielt, aus Zinnober auch regelmäßig Quecksilber darstellen kann, so kann man auch in den Pflanzenstoffen den Kohlenstoff und den Wasserstoff leicht nachweisen. Man braucht nur unter Abschluß von Luft (um Verbrennung zu verhüten) zu erhitzen, denn bekanntlich entsteht unter diesen Umständen aus jeder Pflanzensubstanz eine kohlige Masse, die auch wirklich fast ganz und gar aus bloßem Kohlenstoff besteht. Außerdem entweichen Gase, welche freilich weit davon entfernt sind, reiner Wasserstoff zu sein, die aber wenigstens außerordentlich reich an diesem Grundstoffe sind. Nichts Anderes geschieht bei der Leuchtgasfabrikation, oder bei der Holzkohlebereitung in den Meilern. Der feste Kohlenstoff des Holzes oder des Torfes bleibt seiner größten Masse nach zurück, während wasserstoffreiche verbrennliche Gase entweichen. Und auch die Steinkohlen können ihrem Ansehen zum Trotze diesem Processe noch einmal unterworfen werden, und verrathen in dem Reste des hierbei entweichenden Wasserstoffs noch deutlich ihren organischen Ursprung.

Die Pflanzenstoffe stellen also eigenthümliche chemische Verbindungen dar von Grundstoffen, unter welchen Kohlenstoff und Wasserstoff die Hauptrolle spielen. — Verbindungen unter sich

und mit Sauerstoff, doch mit diesem in ungenügendem Ver=
hältnisse, so daß noch ansehnliche Mengen weiteren Sauerstoffs
hinzutreten müssen, wenn eine völlige Verbrennung statt=
finden soll.

5. Die Frage, woraus die verbrennlichen Pflanzenstoffe be=
stehen, hat uns zu einem weiteren Ausholen Veranlassung ge=
geben. Schneller können wir nun in dem Nachweis der That=
sache sein, daß die Thätigkeit des Ackerbauers thatsächlich in
der Erzeugung dieser Stoffe besteht. Unter dieser Erzeugung
von verbrennlichen Pflanzenstoffen auf den Ackerfeldern darf
natürlich nicht eine Neuschaffung irgend welcher Stoffe aus dem
Nichts verstanden werden. Eine solche ist nach den tausendfach
geprüften Grundsätzen der wissenschaftlichen Chemie eine Un=
möglichkeit, da die Grundstoffe an sich so unerschaffbar als unzer=
störbar sind, d. h. als ewig angesehen werden müssen. Diesen
feststehenden Grundsätzen wird bei einer jeden Stoffverwandlung,
von welcher sich der Chemiker eine Vorstellung zu bilden sucht,
Rechnung getragen; denn er drückt diese Vorstellung aus in der
Form einer Gleichung. Die Grundstoffe und die Mengen
dieser Grundstoffe müssen stets auf den beiden Seiten einer
solchen Gleichung, wodurch der Zustand vor und nach Eintritt
der zu erörternden chemischen Umsetzung vorgestellt wird, die
nämlichen sein. Der ganze Wechsel, dem Ausdruck verliehen
wird, besteht auf dem Papiere in einer Neugruppirung der
Zeichen, welche bestimmte Mengen der Grundstoffe bedeuten.

Der Ausdruck: Erzeugung von verbrennlichen Pflanzen=
stoffen will daher nichts Größeres bedeuten, als z. B. die Er=
zeugung von Eisen im Hochofen. Es ist selbstverständlich, daß
Eisenerze gegeben sein müssen, um eine solche Produktion zu
ermöglichen. Wir werden natürlich auch bei der Pflanzenpro=
duktion uns nach dem entsprechenden Rohmateriale umzusehen

haben. Das Nächstliegende ist aber, daß wir in diesem Sinne
den versprochenen Nachweis führen. Nun derselbe kann schon
bei dem gewöhnlichen landwirthschaftlichen Betriebe der aufmerk=
samen Beobachtung nicht entgehen. Oder wo ist der Ackerwirth,
der sich einer so kräftigen Düngerversorgung seiner Ländereien
rühmt, daß er im Verlaufe eines drei= oder sechsjährigen Turnus
auf eine bestimmte Ackerfläche so viel Stallmist hinausführte, als
die gesammte Erntemasse, welche er innerhalb des gleichen Zeit=
raums hereinbringt, beträgt. Dazu ist auch der Ackerboden durch=
gängig sehr arm an kohlenstoffhaltigen verbrennlichen Bestand=
theilen und wird durch die Kultur eher an diesen bereichert, so
daß also die Erntemasse zu einem sehr ansehnlichen Theile weder
aus der Düngung noch aus dem Boden entstammen kann, viel=
mehr in dieser Form neu von den Pflanzen hervorgebracht
sein muß.

Wer aber diese Erwägung noch nicht für schlagend genug
erachtet, der erinnere sich an die doch wahrlich genugsam erhär=
teten Thatsachen, daß man technisch mit demselben Erfolge,
wenn auch nicht immer gleich vortheilhaft für die Kasse, wirth=
schaften kann, blos mit Schlammdüngung oder mit wenigen
Pfunden Mineraldüngung, ja auf sehr fruchtbaren Ländereien
selbst Jahrhunderte lang ohne alle Düngung, ferner daß in der
Forstwirthschaft, die ja nach den von uns gehandhabten Gesichts=
punkten sich nur darstellt als ein besonderer Zweig der Land=
wirthschaft, regelmäßig ohne jene Gegenleistung verbrennliche
Pflanzensubstanz in der Gestalt von Holz von der angebauten
Grundfläche weggeführt wird. — Und dem Zweifelsüchtigen, dem
alles dies noch nicht genügen sollte, dem Pedanten, welcher
der Bilanz der großen Zahlen nicht traut, und alles auch
auf der chemischen Wage nachgewogen haben will, diesen
stehen die sauber ausgeführten Versuche der Pflanzenphysiologen

zu Gebote, durch welche die allgemeine Befähigung der höhern Pflanzen, die verbrennliche Masse ihres eigenen Leibes sich selber zu schaffen, bis zum Ueberdruß wieder und wieder festgestellt worden ist. Diese Naturkundigen setzen einen Samen von bestimmtem Trockengewicht in ausgeglühten Sand, der zwar von einer wässrigen Lösung befeuchtet sein muß, aber frei ist, von allen verbrennlichen oder kohlenstoffhaltigen Stoffen; oder eine solche Lösung dient selber als ein geeigneter Kulturboden für den Keimling, und die so erzogenen Pflanzen erzeugen wie ihre Schwestern im freien Felde das Hundertfache an verbrennlicher Masse, als ihnen mit auf den Weg gegeben war. Es stünde wohl um die Wissenschaft der Pflanzenchemie, wenn ein jeder in ihr Geltung habende Satz auf gleich sicheren Füßen ruhte.

6. Wir wollten nun nach dem Rohmateriale für den Vorgang der Erzeugung der verbrennlichen Pflanzenstoffe fragen. Hierfür ist die Beantwortung bereits theilweise in dem Vorhergehenden enthalten. Die wesentlich kohlenstoff- und wasserstoffhaltige Masse wird nur in Bezug auf ihre Form neu gebildet, die einzelnen unzerstörbaren Grundstoffe müssen vorher schon in der Umgebung der wachsenden Pflanze vorhanden gewesen sein. Und auch in Bezug auf die Form dieses vorhergehenden Zustandes können wir etwas Bestimmtes aussagen, da wir nachgewiesen haben, daß verbrennliche Stoffe wenigstens im Allgemeinen nicht in genügender Menge zu Gebote stehen. Die Grundstoffe, Kohlenstoff und Wasserstoff, müssen im unverbrennlichen, d. h. im völlig verbrannten oder in dem mit Sauerstoff gesättigten Zustande vorhanden gewesen sein. Diejenigen chemischen Verbindungen, welche dieser Voraussetzung entsprechen, nennen wir Kohlensäure und Wasser, die erstere eine bekannte Luftart, welche aus den gegohrenen Getränken massenhaft entweicht,

das letztere eine noch bekanntere Flüſſigkeit, welche nicht ſowohl wegen ihrer Verbreitung auf unſerer Erde, als vielmehr wegen der allvermittelnden Rolle, welche ſie namentlich bei der Ernährung ſämmtlicher Lebeweſen ſpielt, einen Weiſen des Alterthums in den Ruf ausbrechen ließ „Das Vornehmſte iſt das Waſſer.“

7. Dieſe beiden hochwichtigen Körper ſind unſerer Darlegung zur Folge nicht blos das Rohmaterial für die Erzeugung der verbrennlichen Pflanzenſtoffe, ſondern umgekehrt auch natürlich das Endprodukt des entgegengeſetzten Vorgangs, der völligen Verbrennung dieſer Stoffe oder ähnlich zuſammengeſetzter Maſſen. In der That entweichen aus dem Kamin eines Ofens, in welchem wir Holz oder Steinkohlen verbrennen, Kohlenſäure und Waſſerdampf. Daſſelbe geſchieht, wenn wir dieſes Holz im Walde langſam verweſen laſſen. Kohlenſäure und Waſſerdampf entweichen aus der Lunge des Thieres, welches wir mit Kohlenſtoff= und Waſſerſtoff=haltigen Stoffen ernähren, und welches dieſe Stoffe in gelöſter Form in ſeine Blutbahn aufgenommen hatte. Und wiederum Kohlenſäure und Waſſer werden vom Chemiker gewogen als Maßſtab für den Kohlenſtoff= und Waſſerſtoffgehalt organiſcher Subſtanzen, nachdem er ſie einer künſtlichen Verbrennung unterzogen hat.

8. Wenn wir auf dieſe Weiſe ſchon aus bisher Mitgetheiltem folgern konnten, daß Kohlenſäure und Waſſer in der Umgebung der wachſenden Pflanze im Urwalde oder auf dem Ackerfelde ſich vorfinden müſſen, ſo iſt auch der direkte Nachweis der Anweſenheit dieſes Rohmaterials pflanzlicher Produktion daſelbſt leicht zu erbringen. In Bezug auf das Waſſer erinnert ſich Jeder, daß nur auf feuchter Bodenfläche Pflanzen gedeihen, und wenn das Waſſer auch noch aus hundert andern Gründen für jedes lebende Weſen unentbehrlich iſt, ſo iſt doch hiermit

auch ein Grund dieser Unentbehrlichkeit nachgewiesen. Die Kohlensäure, welche außer als Rohmaterial für die Erzeugung der verbrennlichen Pflanzenstoffe keine anderweitigen Leistungen mehr in erheblichem Maßstabe für die Ernährung der Pflanzen zu vollbringen hat, findet sich nur in geringeren Mengen aber ausnahmslos überall in unserm Dunstkreise vor. Sie macht in einem ganz kleinen Procentsatze einen regelmäßigen Bestandtheil der gewöhnlichen Luft aus; aber diese kleine Menge, weil sie, wenn weggenommen, aus den nächstliegenden Luftschichten immer wieder ergänzt werden kann, genügt zu üppigsten Pflanzen= produktionen, so daß die Kohlensäure des Bodens, welche durch die Verwesung von Thier= und Pflanzenresten fortdauernd Ent= stehung nimmt, von diesem Gesichtspunkte aus recht gut entbehrt werden könnte. Entfernen wir die Kohlensäure völlig aus der Umgebung einer wachsenden Pflanze, so nimmt sie wohl noch eine Zeit lang äußerlich an Masse, nicht aber mehr an verbrennlicher Trockensubstanz zu, wie leicht durch den Versuch erwiesen werden kann.

9. Aber noch eine andere Folgerung von höchster Wichtig= keit dürfen wir aus dem bisher schon Erkannten nun ohne Weiteres ziehen, und die Erfahrung kann nur dazu dienen, sie zu bestätigen. Wenn die verbrennlichen Stoffe sich von den ver= brannten Stoffen nur dadurch unterscheiden, daß die in ihnen ent= haltenen Grundstoffe weniger mit Sauerstoff gesättigt sind, so muß die Erzeugung der ersteren aus den letzteren in einer Abtrennung eines Theils ihres Sauerstoffgehalts bestehen, Sauerstoff muß als solcher ausgeschieden werden. In der That hat man dieses nach= gewiesen, und zwar schon zu einer Zeit, ehe man von dem Vor= gang der Entstehung der verbrennlichen Pflanzenmasse eine klare Vorstellung hatte, da der Versuch ungewöhnlich wenig Schwierig= keiten darbietet. Man braucht nur die abgeschnittenen frischen

Blätter einer beliebigen Pflanze unter Bedingungen, auf die wir nachher werden geführt werden, in kohlensäurehaltiges Wasser unterzutauchen, und man sieht von ihrer Fläche bald sich Blasen um Blasen entwickeln, die man nur aufzufangen und chemisch zu prüfen braucht, um sie als außerordentlich sauerstoffreiche Luft zu erweisen.

10. Wir erkennen so, wie der von uns beleuchtete Vorgang in jeder Beziehung das Entgegengesetzte des Verbrennungsprocesses organischer Körper darstellt. In dem ersteren Falle wird Kohlensäure und Wasser in gewissen Verhältnissen zusammengethan, etwa zwei Drittheile des Sauerstoffs von beiden ausgeschieden; verbrennliche Stoffe, wie sie nicht blos die Pflanzen, sondern mit geringfügigen Aenderungen auch die Leiber der übrigen organisirten Wesen zusammensetzen, sind das Resultat. Und verbrennt man diese so erzeugten Stoffe auf irgend eine der vorhin beschriebenen Weisen, so tritt der damals ausgeschiedene Sauerstoff eben aus dem unerschöpflichen Vorrath der uns umgebenden Luft wieder hinzu; die organischen Stoffe zerfallen in die Endprodukte, Kohlensäure und Wasser, die dann wieder die Ausgangspunkte alles organischen Lebens sind. Das ganze Leben des Thieres erscheint von diesem Standpunkte aus nur als ein besonderer Fall der allgemeinen Verbrennungserscheinungen, so daß auch Stoffaustausch von Thier- und Pflanzenwelt als einander entgegengesetzt sich darstellen.

11. Man versteht so, wie das fromme Gemüth des Menschen, welches auf Schritt und Tritt in der Ordnung der Natur die Hand des Allmächtigen spürt, zu dem kindlichen Gedanken kommen konnte, als ob die schöne Pflanzenwelt auf unsern Planeten nur gesetzt worden sei, um unsere Luft, welche natürlich durch Athmung von Thier und Menschen und ebenso durch die unorganischen Verbrennungs- und Verwesungsvorgänge an

Sauerstoff verarmen und an Kohlensäure bereichert werden würde, durch den entgegengesetzten Gasaustausch auf dem jetzigen, für alle Lebewesen zweckmäßigen Zustande zu erhalten. Diese naive Vorstellung schließt allerdings die Wahrheit in sich ein, daß das Thierreich, also auch das Dasein des Menschen, das Vorhandensein der Pflanzen voraussetzt, aber nicht sowohl wegen der Reinerhaltung der Luft in unserem Sinne, sondern in erster Linie, weil die erzeugten Pflanzenstoffe unmittelbar oder mittelbar den Thieren als Nahrung dienen, weil die Thiere mit anderen Worten nicht selber jenen Vorgang der Erzeugung von organischen Substanzen zu vollziehen vermögen. Ob die Zusammensetzung unserer Lufthülle, dank der entgegengesetzten Arbeitsrichtung der beiden organischen Reiche, gegenwärtig genau dieselbe bleibt, läßt sich erfahrungsmäßig wegen der kurzen Dauer unserer genauern Beobachtungen noch nicht feststellen. Im Laufe der großen Erdbildungsperiode hat dieselbe aber jedenfalls schon geschwankt, wie sich ja durch längere Zeiträume hindurch das Pflanzenreich ganz ohne Thiere hatte entwickeln können. Ueberhaupt müssen wir uns hüten, solche Gesichtspunkte der Zweckmäßigkeit in die Forschung mit einzuführen. Diese hat nüchtern und selbständig vorzugehen; ergiebt sich dann eine ungeahnte Abhängigkeit — gut. Dann mag sie der Eine Zweck, der Andere Nutzen nennen, sie wird sich nicht mehr herausnehmen, als leitender Gedanke der Naturkunde gelten zu wollen. Im andern Falle kommen wir schließlich auf den Standpunkt eines im Uebrigen verdienten landwirthschaftlichen Schriftstellers, der die Weisheit des Schöpfers preisen lehrte, weil er Sauerstoff und Stickstoff in unverbundenem Zustande im Dunstkreise zusammengemischt habe; denn eine Verbindung von beiden Grundstoffen wäre unfähig die thierische Athmung zu unterhalten. Wer sich in der Natur wundern will über das Zweckmäßige, muß sich

bei jedem Schritt wundern. Wir begnügen uns mit dem prak=
tiſchen Satze, den ſchon die Philoſophen des Alterthums an=
wandten, und der auch einen der Kernpunkte der Darwin'ſchen
Lehre bildet: wenn nicht Alles in der Natur zweckmäßig wäre,
ſo wäre ſie eben nicht da, und ſelbſtverſtändlich auch Niemand
da, der das Unzweckmäßige natürlich finden könnte.

12. Die Hauptthätigkeit der Pflanzenwelt, wovon beim
Ackerbau Nutzen gezogen wird, haben wir jetzt kennen gelernt;
noch aber wiſſen wir nicht, wie und wo. Wird die verbrennliche
Maſſe überall da vermehrt, wo Kohlenſäure und Waſſer mit
einer lebenden Pflanzenzelle zuſammentreffen? — Auch in Be=
zug auf dieſe Frage hat die Wiſſenſchaft bereits ſeit lange eine
endgültige Antwort ertheilt. Nicht blos muß noch eine ganze
Reihe von äußeren Bedingungen erfüllt ſein, damit dieſer Vor=
gang ſtattfindet, ſondern es ſind auch nur gewiſſe Pflanzen zu
gewiſſen Zeiten und von dieſen Pflanzen auch nur beſtimmte
Theile zum Vollzug deſſelben befähigt. Drücken wir uns zu=
nächſt in Bezug auf dieſen letzteren Gegenſtand etwas beſtimm=
ter aus. Die Naturforſcher haben durch ſorgfältige Vergleichung
gefunden, daß nur die grünen Pflanzentheile, oder noch genauer,
nur Pflanzenzellen mit grünem Zellinhalte fähig ſind, die ver=
brennliche Maſſe zu vermehren. Am zweckmäßigſten dienen hier=
zu Beobachtungen über die Sauerſtoffausſcheidung, welche leicht
an der Bläschenentwickelung in Waſſer erkannt werden kann,
während man zur Beſtimmung der Trockenmaſſe ſelber die zu
prüfende Pflanze nach jedem Verſuche abtödten muß. Durch
ſolche leicht in großer Menge auszuführenden Verſuche hat man
ſchon verhältnißmäßig frühe feſtgeſtellt, daß z. B. Wurzeln,
ältere Zweige unproduktiv ſind, daß ebenſo Pflanzen, welche ihr
ganzes Leben hindurch keine grüne Färbung erhalten, alſo die
Schwämme oder auch die gefürchteten Schmarotzergewächſe,

welche unseren Kleefeldern so verderblich werden, und die wir Kleeseide nennen, und endlich auch junge Keimpflanzen, die noch nicht grün geworden sind, sich in gleicher Weise verhalten, während in erster Linie die grünen Blätter, dann auch grüne Stengel und andere so gefärbte Pflanzentheile fortdauernd Sauerstoff abscheiden und die Pflanze an verbrennlicher Masse bereichern.

Zwar der Augenschein kann trügen. Manchmal ist die grüne Farbe nur verhüllt oder durch andere Farbstoffe verdeckt, so daß wir nicht zu rasch eine Pflanze als unproduktiv oder schmarotzend verschreien dürfen. Das bleiche Edelweiß der Alpen verbirgt unter seiner dichten weißen Behaarung saftige Theile von vollkommener Grüne. In den Blättern der Blutbuchen kann man die gleiche Farbe erkennen, wenn man sie gegen das Licht hält; sie wird nur durch den rothen Zellsaft theilweise verdeckt. In anderen Fällen sind die umständlichen Hülfsmittel der Wissenschaft, Vergrößerungsgläser, vorausgehende chemische Behandlung dazu nothwendig, um den gleichen Nachweis zu führen. In allen Fällen konnte derselbe aber engültig erbracht werden, so daß das ausgesprochene Gesetz keine Einschränkung erleidet.

Auch die scheinbaren Ausnahmen sind verschwindend gegenüber den Uebereinstimmungen, so daß man aus dem ganz auffälligen Ueberwiegen der grünen Farbe in der Pflanzenwelt ohne Weiteres einen Schluß machen darf auf die Allgemeinheit der Produktivität und auf die Zeiten, in denen von den Pflanzen produktiv gearbeitet wird.

13. Aus der mitgetheilten Gesetzmäßigkeit folgt natürlich zugleich für die nichtgrünen Pflanzen, daß sie auf Kosten von anderwärts hervorgebrachten verbrennlichen Stoffen ihr Dasein fristen müssen, da sie selber die Baustoffe ihres eigenen Leibes nicht hervorzubringen im Stande sind, daß sie also in derselben

Abhängigkeit von der grünen Pflanzenwelt leben wie die Thiere. Mit anderen Worten, die nichtgrünen Pflanzen sind Schmarotzer im weitesten Sinne des Wortes; sie leben entweder auf ihren grünen Geschwistern, diesen ihre Säfte aussaugend, oder sie setzen zu ihrem Gedeihen einen Nährboden voraus, welcher reich ist an (von grünen Pflanzen erzeugten) verbrennlichen Stoffen. Im ersteren Falle befindet sich die ebenerwähnte Kleeseide, der Hanfwürger und auch eine große Anzahl von mit bloßem Auge nicht wahrnehmbaren Pilzen, welche das Befallen von wilden und Kulturgewächsen veranlassen, und dann als Rost, Brand, Mutterkorn der Schrecken des Landwirths sind. Wir verstehen von dem eben geltend gemachten Gesichtspunkte aus, warum diese Form des Auftretens von nichtgrünen Pflanzen allemal schädlich sein muß; denn sie leben bei aller übrigen Formverschiedenheit sämmtlich auf Kosten ihres Wirths — genau wie der Wurm im Apfel. Wir können es also nur selbstverständlich finden, wenn wir hören, daß auf solche Weise die meisten gefürchteten Pflanzenkrankheiten bis herauf zur Kartoffel- und Traubenkrankheit zu Stande kommen.

14. Auch noch in einer anderen sehr praktischen Beziehung können wir aus der kleinen Summe des bis jetzt Klargelegten eine unabweisbare Folgerung ziehen. Wenn die stark grünen Blätter hauptsächlich produktiv sind, wenn die nur schwach grünen Früchte unserer Bäume in dieser Richtung kaum in Betracht kommen, und wenn das bleiche Holz und die Wurzelfrüchte ganz auf Kosten von jenen leben, so muß das Wegnehmen der Blätter für eine Pflanze ungefähr so viel bedeuten, als wenn man eine Familie ihres Ernährers beraubt. Daher ist das Abblatten den Rüben natürlich schädlich, wenn es zu einer Zeit geschieht, wo wir noch Zuwachs der Wurzel erwarten. Nur für Früchte, die nicht mehr erheblich wachsen, sondern nur in sich noch etwas

ausreifen sollen, ist ein solcher rauher Eingriff in das Leben der
Pflanzen zulässig. Ebenso muß natürlich ein gewisses Verhältniß bestehen zwischen producirenden und den von diesen unter-
haltenen Pflanzentheilen. Wer durch geiziges Schneiden der
Reben auf eine gewisse Anzahl Blätter zu viele Blüthen (Scheine)
stehen läßt, wer seinen gut durch die Blüthe gekommenen
Aprikosenbaum nicht zeitig von einer Ueberzahl junger Früchte
befreit, der versetzt die Pflanzen in die Lage eines bedrängten
Familienvaters, dem der Kindersegen zu reichlich geflossen ist,
und die Folge davon ist unabweislich: kärgliche Ernährung, und
das bedeutet für die Früchte: unvollkommene Reife.

15. Wäre das Vorhandensein eines grünen Zellinhalts als
eine innere Bedingung für die Produktionsfähigkeit zu bezeichnen, so hätten wir im Gegensatz hierzu auch die äußeren Bedingungen der gleichen Thätigkeit aufzusuchen. Anwesenheit von
Kohlensäure und Wasser sind nach dem Bisherigen selbstverständlich; aber dies sind nicht die einzigen äußeren Voraussetzungen. Ein gewisser Wärmegrad ist wie zu allen Lebens-
vorgängen, so auch für die Sauerstoffabscheidung aus grünen
Pflanzentheilen nothwendig. Die obern und untern Grenzen
sind zwar gerade im vorliegenden Falle noch nicht genau festgestellt, aber man kann doch ungefähr angeben, daß der Vorgang von wenig über dem Gefrierpunkte des Wassers bis etwa
zu 40° C. (32° Reaumur) möglich ist. Auch scheinen für die
einzelnen Pflanzen bezüglich dieser Grenzen kleine Unterschiede
zu bestehen.

16. Auf eine andere nothwendige Bedingung, deren Mitwirkung für den Pflanzenbau die merkwürdigsten und weitgehendsten Folgen hat, werden wir schon durch eine einfache Betrachtung hingeführt, welche auch ohne die strengeren Hülfsmittel der
Wissenschaft anzustellen möglich ist. Die vereinigten Naturwissen-

schaften, welche uns im vorigen Jahrhundert mit dem Gesetze
der Unzerstörbarkeit des Stoffes bereicherten, haben in
diesem Jahrhunderte das sehr viel allgemeinere und noch be-
deutungsvollere Gesetz von der Unzerstörbarkeit der Kraft
zu Tage gefördert. Dasselbe sagt, ganz ein Gegenstück zu jenem
andern, aus, daß auch Kräfte, wo sie für unsere Auffassung verschwinden oder entstehen, dies nur scheinbar thun, daß sie in
Wahrheit nur die Maske wechseln, und deßhalb in ihrer Ver-
kappung nicht sofort zu erkennen sind. Gelingt es, ihnen die
unkenntlichen Hüllen abzureißen, so können sie überall als un-
verändert in ihrer Menge und Wirkungsfähigkeit nachgewiesen
werden. Man begreift, daß trotz der Einfachheit des Resultats,
es kein Kleines war, diese Beweisführung bis in's Einzelne für
die mannigfaltigen Kraftformen durchzuführen.

17. Welches sind nun die verschiedenen Formen von Kraft,
die bei diesem bunten Wechselspiele durchlaufen werden können?
— Jedermann weiß, daß ein bewegter Körper eine Kraft vor-
stellt, und daß die Kraft um so größer ist, je massiger der Körper
und je größer seine Geschwindigkeit. Kräfte werden nun überall
da stecken, wo z. B. Bewegung vernichtet worden ist, oder wo
ich neue Bewegung ins Leben rufe; denn diese Zerstörung und
Neuerzeugung ist ja nur eine scheinbare, nur ein Formenwechsel.
Nun kann ich bekanntlich mittelst eines heißen Dampfkessels
Bewegung hervorrufen, ja die ausgiebigsten Bewegungen werden
in unserer Zeit auf diese Weise mit Hülfe einer sinnreichen
Maschine hervorgerufen. Umgekehrt entsteht bei einer plötzlichen
Vernichtung von starker Bewegung durch ein Hemmniß allemal
Wärme, die sog. Reibungswärme, welche ebenso eines Jeden
Beobachtung, der nur einmal einen Knopf an einer Tischplatte
gerieben, oder an einer Drehbank gearbeitet hat, zugänglich ist.
Ich brauche nur noch hinzuzufügen, daß man durch sehr schwierige

Untersuchungen nachgewiesen hat, daß z. B. dieselbe Menge Wärme, welche verbraucht wird, um einen Eisenbahnwagen von 10 000 Kgr. in eine Bewegung von 10 M. in der Secunde zu versetzen, wieder durch das plötzliche Aufhalten dieses Wagens mittelst einer Bremse an Rad und Schiene zum Vorschein kommt, so daß schließlich wieder die gleiche Wärmemenge vorhanden ist wie vorher. Wie ein solcher Versuch durchgeführt wird, wie man Wärme mißt nicht blos nach Graden, sondern nach wirklich vergleichbaren Mengen u. s. w., dies zu beschreiben, ist Sache einer eigenen Wissenschaft und gehört nicht hierher. Wir begnügen uns hier mit der Erkenntniß, daß Wärme aufgefaßt werden muß als eine Form von Kraft, und nicht mehr als ein unwägbarer Stoff, wie die Physik vor 50 Jahren wollte. Ja wir stellen uns heute die Wärme als nichts Anderes vor, denn als einen Zustand der Bewegung der sehr kleinen Theile, aus welchen wir uns einen jeden Körper zusammengesetzt denken.

Andere Formen der Kraft sind elektrische und magnetische Bewegung, denn ich kann z. B. durch Erwärmung elektrische Ströme (thermoelektrische Säule), durch diese wieder Bewegung nach Außen hin erzeugen — Formen, mit denen wir uns hier nicht befassen wollen; andere das Licht. Dieses ist freilich nur eine besondere Form der Wärme, in einem Sinne, von dem nachher noch die Rede sein soll.

18. Aber um die Wechselbeziehungen der Kräfte unter sich vollzählig zu machen, müssen wir nicht blos reden von den Kräften der Bewegung, sondern auch von den Kräften der Ruhe, den Kräften, die in Wirklichkeit nicht arbeiten, in denen aber die Möglichkeit der Arbeit vorhanden ist. Mit Fremdwörtern bezeichnet die Wissenschaft diese beiden Formen als actuelle und potentielle Energie. Es ist nicht gar schwierig, auch ohne in die Geheimnisse der Bewegungslehre eingeweiht zu sein, von

diesen Beziehungen sich annähernd scharfe Vorstellungen zu verschaffen. Jedermann weiß, daß bei einer gewöhnlichen schwarzwälder Wanduhr die treibende Kraft ein langsam sinkender Gewichtsstein ist. Wird der Stein nicht von Zeit zu Zeit durch das Aufziehen gehoben, so zeigt ihr ganzes Räder= und Zeigerwerk keine Bewegung. — Die Uhr steht, wie wir uns ausdrücken. Das oben aufgehängte Gewicht kann nun aber beliebig lange in Ruhe bleiben (wenn ich den Perpendikel anzustoßen unterlasse) ohne eine Wirkung zu äußern. Immer bleibt aber die Möglichkeit für eine solche Wirkung. Eine Kraft ist also vorhanden, aber keine bewegte Kraft, sondern eine ruhende, oder mit einem Ausdruck des gewöhnlichen Lebens, eine Spannkraft. Das gehobene Gewicht befindet sich ja genau in derselben Lage wie eine gespannte Feder, oder wie die zusammengepreßte Luft einer Windbüchse. Ein unmerklicher Anstoß, ein Zufall, ein Nichts kann kommen, die Spannung auslösen und die Veranlassung werden zu einer unverhältnißmäßig großen Wirkung, für welche die Gegenleistung natürlich wo anders gesucht werden muß.

Schneide ich nun aber die Schnur ab, an welcher der Gewichtsstein hängt, so fällt er herab. Die Spannkraft verwandelt sich in bewegte Kraft, und diese letztere giebt Veranlassung zu weiteren Wirkungen beim Niederfallen, Verletzung des Fußbodens, eine sehr kleine kaum meßbare Wärmeerzeugung. Ebenso kann bewegte Kraft in Spannkraft übergehen, wenn ich einen Stein auf das Dach werfe, und derselbe oben liegen bleibt. Derselbe kann lange Zeit später wieder niederfallen und Jemand mit derselben Kraft ein Loch in den Kopf werfen, als wenn er unmittelbar meiner Hand entflogen wäre. Man sieht auf diese Weise, wie namentlich als Spannkraft die Kräfte unserer Erde lange in derselben Form aufbewahrt werden können.

Neben dieser mechanischen Spannkraft unterscheiden wir dann in Anwendung der gleichen Grundsätze elektrische Spannkraft, magnetische Spannkraft, chemische Spannkraft. Die erstere z. B. ist vorgestellt durch den Zustand zweier Gewitterwolken, welche, verschiedene Mengen Elektrizität enthaltend, einander gegenüberstehen. Erst wenn der Blitz überschlägt, geht die blos mögliche Kraftäußerung in die bewegte Form über. Eine Hand voll Schießpulver stellt endlich einen Vorrath dar von chemischer Spannkraft; dasselbe spielt in der Feuerwaffe genau dieselbe Rolle, wie die durch Pumpen gespannte Luft in einer Windbüchse. Der kleinste Funke, selbst zu keiner meßbaren Leistung befähigt, bringt dort, ein leiser Druck hier die starke Wirkung hervor, weil eben in beiden Fällen große Mengen von Spannkräften aufgespeichert waren.

19. Diese scheinbar weit abliegenden Dinge stehen doch im allernächsten Zusammenhange mit unserm Gegenstande. Wir haben früher in dem Verbrennungsprozeß von Pflanzenstoffen den völligen Gegensatz zu unserem Vorgang der Erzeugung dieser Stoffe in den grünen Pflanzentheilen erkannt. Werden dabei die Grundstoffe in umgekehrter Weise auseinandergerissen, und zusammen verbunden, so muß auch ein Gleiches für die Kräfte gelten. Nun sind rasch verlaufende Verbrennungsprozesse bekanntlich reichlich fließende Quellen von Wärme und von Licht. Durch die etwas langsamer sich abwickelnden Verbrennungsvorgänge der thierischen Athmung wird wenigstens die thierische Wärme erzeugt, gelegentlich auch wie bei den Leuchtkäfern zu einer kleinen Lichtentwickelung Veranlassung gegeben. Und auch der im Walde modernde Stamm giebt schließlich die gleiche Wärmesumme nach Außen ab, obgleich dieselbe wegen der Länge der Zeit, auf welche sie sich vertheilt, nicht in die Sinne fällt. Also Verbrennungsvorgänge sind Quellen von Kraft — eine

Erscheinung die wir uns so erklären, daß der Sauerstoff, welcher bei der Verbrennung zum verbrennenden Körper hinzutritt, eine außerordentliche Anziehungskraft zu diesem habe, ähnlich wie ein gehobener Stein zur Erde. Diese Anziehungskraft ist eben die chemische Spannkraft. Verbrennt der Körper, so stürzt gleichsam der Sauerstoff zu ihm, wie der Stein zur Erde, und in beiden Fällen geht die Spannkraft in die bewegte Form über, nur bei der Verbrennung in die Bewegung der kleinsten Theilchen, die wir eben Wärme nennen. Unzweifelhaft erscheint diese Klarlegung beherzigenswerth; allein die Thatsache, daß bei der Verbrennung Kräfte nach Außen frei werden, ist unabhängig von dieser Erklärung. Und aus dieser Thatsache folgt nach dem Gesetze der Erhaltung der Kraft, daß bei der Erzeugung von verbrennlichem Holz oder Oel aus verbranntem Wasser und Kohlensäure Kräfte müssen gebunden werden, d. h. daß dabei äußere Kräfte mitwirken müssen.

20. Nun haben wir einen gewissen Wärmegrad als für jenen Vorgang in den grünen Pflanzentheilen unentbehrlich erkannt, und die Wärme ist ja eine Kraftform; wozu weiter nach einer wirksamen Kraft suchen? Allein hier ist es Zeit, nicht weiter mit der Mittheilung hinter dem Berge zu halten, daß zwar eine jede Kraft, wenn sie eine andere Form annimmt, den gleichen Werth behält, aber daß doch diese Formwandlungen nicht in einer jeden beliebigen Richtung gleich häufig erfolgen — ungefähr wie alle Menschen vor dem Gesetz gleich sind, aber doch nicht gleich oft vor die Gerichte citirt werden. Die Betonung dieser Seite des Gesetzes der Erhaltung der Kraft hat zu den weitgehendsten Folgerungen bis hinaus auf Weltentstehung und -Untergang geführt, und ist auch für unsere Aufgabe von Wichtigkeit.

Beispielsweise hat man gefunden, daß Bewegung sehr leicht

und an allen Orten in Wärme übergehen kann; wir brauchen nur die Bewegung durch Reibung zu vernichten. Dagegen ist die umgekehrte Kräfteverwandlung an gewisse Bedingungen geknüpft, deren Wesen sich hier nur andeuten läßt. Die Dampfmaschine dient zur Verwandlung von Wärme in äußere Bewegung. In derselben und in jeder concurrirenden Maschine finden wir ausnahmslos immer Wärme von zwei verschiedenen Wärmegraden vor, den Dampfkessel von hoher Temperatur, den Condensator von niedrigerer. In den sog. Hochdruckmaschinen kann allerdings der letztere durch die (kühle) äußere Luft ersetzt werden. Und selbst bei dieser Einrichtung gelingt nur die Ueberführung eines Bruchtheils der aufgewendeten Wärme in Bewegung. — Unsinnig dagegen würde es erscheinen, wollte man auf die Ausbeutung der doch gewiß in großer Menge vorhandenen Wärme unserer Erde hin eine Maschine construiren. — Diese Wahrnehmung des einseitigen Uebergangs von Wärme von hoher Temperatur in Bewegung veranlaßte noch vor Kurzem unsere Physiker zu der unerschrockenen Folgerung, daß die Bewegung aller Weltkörper im Verlaufe von Millionen und Milliarden von Jahren mehr und mehr abnehmen, ja schließlich ganz aufhören und dafür einem höheren und sehr gleichmäßigen Wärmegrade Platz machen müßte, bis jüngst eine sehr geistreiche Idee diesen Weltstillstand wieder glücklich von uns abgewendet hat.

Und wie wir die Wärme, die in einem beliebigen Temperaturgrade steckt, nicht nach Willkür benutzen können zu einer mechanischen Arbeitsleistung, so ist sie auch nicht fähig zu einer andauernden chemischen Arbeit, worunter in unserem Falle die theilweise Lostrennung des Sauerstoffs von Kohlenstoff und Wasserstoff (zu welchen jener eine sehr große Anziehungskraft besitzt) zu verstehen wäre. Die bloße Wärme in diesem Sinne kann also nicht die arbeitende Kraft bei jener Produktion sein.

21. Hier wollen wir die Herleitung unterstützen durch die Beobachtung und fragen, welche äußeren Kräfte wirken denn sonst mit bei dem Vorgange in den grünen Pflanzentheilen? — Von elektrischen und magnetischen Kräften ist das Pflanzenleben, so viel wir wissen, unabhängig. Wie steht es aber mit der Wärme in einem andern Sinne, mit der Wärme, welche von einem heißeren Körper zu einem kälteren überströmt — mit der strahlenden Wärme, welche wir, soweit sie auf unsere Netzhaut einwirkt, Licht nennen? Und da fällt es uns denn wie Schuppen von den Augen. Die Pflanzen entwickeln sich längs der Fläche unserer Erde, weil sie lichtbedürftig sind, und wollen wir sie im Zimmer kultiviren, so müssen wir sie dicht ans Fenster setzen, wo es am hellsten ist. Schließen wir sie in Keller ein, so zeigen sie krankhafte lange Triebe, die sie nach den Spalten der Läden hindrängen, durch welche eine Spur von Tageslicht eindringt.

22. Doch die Wissenschaft bedarf einer strengeren Beweisführung, und eine solche ist denn auch in diesem Falle vollständig erbracht. Alle die früher erwähnten Versuche von Trockengewichtszuwachs und Sauerstoffausscheidung mit grünen Pflanzentheilen gelingen nicht, wenn man das Licht abschließt, und zwar ist ziemlich starkes Tageslicht oder mit besserem Erfolg Sonnenlicht dazu erforderlich. Am besten gelingen solche Versuche mit Wasserpflanzen, welche in kohlensäurehaltiges Wasser untergetaucht von den Stengelschnitten aus einen sehr regelmäßigen Blasenstrom von Sauerstoff entwickeln. Rückt man solche Versuchspflanzen abwechselnd von der Sonne in den Schatten, vom Schatten in die Dämmerung, so kann man ganz regelmäßig den Blasenstrom sich verlangsamen und dann aufhören sehen. Ja

man besitzt im einfachen Zählen der Blasen, etwa innerhalb einer
Minute, den besten Maßstab, die Raschheit der Erzeugung neuer
Pflanzenmasse zu messen, und es dient nicht am Mindesten als
Beweis dafür, daß wir in dem Lichte, oder besser in den Sonnenstrahlen, die arbeitende Kraft für den fraglichen Vorgang zu
sehen haben, daß es unter gewissen Voraussetzungen gelang,
bei Verdoppelung der Lichtstärke auch die Blasenzahl innerhalb
einer Minute zu verdoppeln.

23. So ist denn hiermit unsere Erkenntniß von dem merkwürdigen Vorgang in den grünen Pflanzentheilen ein einiger
Maßen abgerundeter. Zu dem Auseinanderreißen der sehr festen
chemischen Verbindungen, Kohlensäure und Wasser und zur Erzeugung von organischen Stoffen aus den verbleibenden sauer-
stoffarmen Resten ist wie zur Hebung eines Gewichtsteins Kraft
erforderlich, und diese Kraft wird geliefert durch die Sonnenstrahlen, so daß, nur am Tage producirt, in der Nacht das
Producirte nur weiter umgewandelt wird. Aus dem gleichen
Grunde erschöpft sich ein Keimling unter der Erde, wenn der
Same zu tief untergebracht wurde, und ist vielleicht nicht mehr
fähig zu einer kräftigen Pflanze zu erwachsen, wenn er endlich
seine Blättchen zum Tageslicht emporstreckt. Ebenso nehmen
die Kartoffeln, wenn sie im Keller in den Frühlingsmonaten
ausschlagen und ein lebhaftes Wachsthum zeigen, doch nicht an
verbrennlicher oder verdaulicher Masse zu, auch wenn man die
Stoffe, welche in die Triebe übergegangen sind mit hinzu-
rechnet, und wenn auch hie und da einmal eine kleine neue
Knolle angesetzt wird. Gerade deßhalb ist auch dieser Vorgang von
den Hausfrauen nicht gerne gesehen, und kühle Keller, wo das Auskeimen sehr langsam erfolgt, werden vorgezogen.

24. Ja die praktischen Folgen, welche sich hier ergeben,
sind noch viel weitgehender. Weil das Licht nothwendig zur

Pflanzenproduktion mitwirkt, deßhalb ist diese Produktion auf einer gegebenen Grundfläche eine enge begrenzte; denn alle übrigen Bedingungen des Pflanzenwachsthums lassen sich in diesem Rahmen bis in's Unberechenbare vermehren. Der Forst= wirth würde keinen Vortheil davon haben, wenn er bei dem Ausholzen schonender verführe und die doppelte Anzahl Stämme, als üblich ist, stehen ließe. Doppelt soviel Bäume würden nur die nämliche Klafterzahl an Holz als Ertragniß abwerfen, weil die beschatteten Kronen an der Produktion gehindert sein würden. Auch bildet aus demselben Grunde der in einer Lichtung stehende Baum sich gleichmäßiger und breitwüchsiger aus, während in einem jungen dichten Bestande langgestreckte Stangen emporschießen. Dieselbe Gesetzmäßigkeit zwingt den landwirthschaftlichen Betrieb dazu, sich über weite Flächen auszudehnen, weil eben die Sonnen= strahlen sich über weite Flächen ergießen. Der Ackerbauer kann nicht auf einem beliebig kleinen Bodenraume mit daselbst ange= häuften Hilfsmitteln sein Gewerbe ausüben, wie der Fabrikant in stockhohen Gebäuden seine Produkte erzeugt; und diese Ab= hängigkeit vom Raume bestimmt natürlich in letzter Linie sogar Sitten und Charakter der ländlichen Bevölkerung.

25. Diese weitgehenden und wichtigen Folgerungen erstrecken sich aber natürlich nur auf das Leben der grünen Gewächse. Nichtgrüne Pflanzen verhalten sich auch hierin wie die Thiere, sie sind mit ihrer bloßen Umwandlung der schon erzeugten orga= nischen Masse nicht an die Orte des Lichts gebunden, sondern vollziehen ihre Lebenserscheinungen unbeirrt auch in tiefer Finster= niß. Ich erinnere an die Champignonkultur, wobei nur die ver= brennlichen Bestandtheile der Erde und des Pferdemistes wieder= um in die verbrennlichen, aber zugleich wohlschmeckenden und darum werthvolleren Bestandtheile des Pilzleibes umgesetzt werden. Diese kann in Kellern vorgenommen werden; ja Nichts

würde im Wege stehen, sie in thurmhohen Gebäuden fabrik=
mäßig zu unternehmen; denn sie ist ihrer Natur nach etwa
der Hefenfabrikation zu vergleichen, nicht aber dem sonstigen
landwirthschaftlichen Pflanzenbau.

Alles Uebrige, was die Naturforschung bis jetzt an den Tag ge=
fördert hat, über die Gesetzmäßigkeiten jenes fundamentalen Vor=
gangs in den grünen Pflanzentheilen, ist nur in zweiter Linie
von Bedeutung und ist auch, wie wir hinzusetzen können, minder
klar als das bis jetzt Mitgetheilte. Wir werden uns daher hier
auf Weniges beschränken können. Daß die Naturforschung nach
einer tieferen Einsicht streben muß, ist selbstverständlich; aber
es haben sich hier große Schwierigkeiten gezeigt, eine solche
tiefere Einsicht zu erlangen.

26. Vor Allem hat man sich gesagt, daß die Antwort,
die Sonnenstrahlen bewirken die Sauerstoffabscheidung aus
grünen Pflanzentheilen, noch eine sehr allgemeine ist, da wir
schon lange in der Naturlehre Strahlen von sehr verschiedenen
Eigenschaften unterscheiden, und da gerade das natürliche Ge=
misch der Sonnenstrahlen die allerbunteste Zusammensetzung
zeigt. Wir brauchen uns auch hier nicht gelehrt auszudrücken
und von Prisma und Spectrum reden, und können doch die
Hauptsache, um die es sich handelt, dem Verständniß eines jeden
Verständigen nahe bringen.

Jedermann weiß, daß ein dunkler Ofen auf einige Schritt
hin erwärmen kann, daß er Wärme ausstrahlt, wie wir uns
ausdrücken. Erst wenn er glüht, strahlt er mit der dunklen
Wärme auch Licht aus. Andere Körper wie der Mond, wie
ein weißes Schneefeld leuchten blos, ohne erheblich zu wärmen.
Die Sonne leuchtet und erwärmt zugleich. Diese bekannten
Erfahrungen werden von uns so ausgedrückt. Die Strahlen,
welche von wärmeren oder helleren Körpern durch die Luft

oder durch den Weltraum zu kälteren und dunkleren entsendet
werden, sind von verschiedener Natur, von welchen nur gewisse
auf unsere Sehnerven einwirken. Diese unterscheiden wir durchaus willkürlich, da die gezogene Grenzlinie für die Dinge außer
uns keine Bedeutung hat, als Licht. — Aber dunkle Wärmestrahlen unter sich und sog. Lichtstrahlen unter sich sind auch
noch nicht gleichwerthig. Wir haben uns dieselben vielmehr,
wie aus weitern physikalischen Untersuchungen hervorgeht, zu
denken, mit geringen Unterschieden sich lückenlos aneinander-
reihend, wie die Töne eines Klaviers. Man denke sich das
Ohr eines Gehörleidenden nur empfänglich für eine, zwei Octaven
in der Mitte, da haben wir das, was die Menschen so über-
zeugend, weil so unmittelbar der sinnlichen Erfahrung entstam-
mend, als ein Ding für sich hinstellen. Die untern Töne ent-
sprächen dann den dunkeln Wärmestrahlen. — Wir haben gesagt,
daß auch noch die als Licht zusammengefaßten Strahlen unter
sich verschiedenartig seien; und das ist in der That der Fall. Nur
das, was wir Farbe nennen, entspricht den einzelnen einheit-
lichen Lichtarten. In dem Sonnenlichte sind alle diese Farben
mit einander gemischt, so daß wohl Helligkeit aber keine einzelne
Farbe für sich mehr empfunden wird — eine Wahrnehmung,
die wir als weiß zu bezeichnen gewohnt sind. Und natürlich
besitzen wir Mittel, diese einzelnen Strahlengattungen aus dem
gemischten Sonnenlichte abzuschneiden, ähnlich wie wir die natürliche ungleichartige Ackererde durch gröbere und feinere Siebe
in Stein, Körner, Sand und Staub zerlegen können. Farbige
Gläser sind solche Lichtsiebe und wir nennen sie gelb, roth
u. s. w., wenn sie alle übrigen Strahlen in sich zurückbehalten
und nur die gelben oder rothen durch sich hindurchlassen. Auch
noch andere Methoden, diese Trennung auszuführen, sind uns bekannt, z. B. solche die — um bei unserem Beispiele zu bleiben — dem

Schlämmen der Erde vergleichbar sind. Laffen wir Licht durch ganz durchsichtiges und farbloses Glas, das aber schiefwinklig geschliffen ist, hindurchtreten, so kann man die einzelnen Strahlengattungen durch die verschiedenartigen Richtungsänderungen, die sie erleiden, von einander säuberlich trennen und gesondert auffangen. Jedermann kennt die bunten Farben, welche von den altmodischen Kronleuchtern aus geschliffenen Glasstückchen niederstrahlen; und die schöne Naturerscheinung des Regenbogens entsteht auf dieselbe Weise unter Mitwirkung der runden und durchsichtigen Regentropfen.

27. Ebenso leichtverständlich wie die Fragestellung nach der Strahlengattung, welche sich an der Erzeugung der organischen Stoffe in den grünen Pflanzen vorzugsweise betheilige, ist auch die Art und Weise, wie man dieser Frage durch Versuche gerecht zu werden strebte. Man ließ einfach den Vorgang der Sauerstoffabscheidung unter im Uebrigen gleichen Bedingungen, einmal in dunkeln Wärmestrahlen, einmal im gelben, ein ander Mal im rothen Lichte vor sich gehen und maß die Menge des in gleichen Zeiten ausgeschiedenen Sauerstoffs. Man fand so, ohne im Uebrigen zu ganz unbezweifelten Zahlen gelangt zu sein, daß einmal die Wirkung auf die Pflanzen ungefähr mit dem überein kam, was auch auf das menschliche Auge wirkt, daß also ganz besonders das Licht und zwar das stärkst leuchtende Licht auch am meisten die Produktion befördert, sodann daß die blauen Strahlen, welche besonders bei der Photographie wirksam sind, und welchen man eine Zeit lang ein Privilegium auf chemische Thätigkeit ausgestellt hatte, keineswegs allein oder ganz überwiegend in Betracht kommen. Man weiß, die Entwickelung der Zeiten ist den Privilegien nicht günstig, und so mußte auch dieses, obgleich durch gewichtige Autoritäten geheiligt, dem frischen Strome naiver wissenschaftlicher Erfahrung weichen.

Aus der gegebenen Beantwortung folgt zugleich, daß nicht blos das Sonnenlicht, sondern auch andere und künstliche Lichtarten grüne Pflanzentheile zur Produktion anregen müssen. In der That gelang es, bei kräftigem Lampen= und Gaslicht Sauerstoffabscheidung aus untergetauchten Wasserpflanzen zu beobachten: und das Mondlicht leistet nur deshalb unmerklich wenig, weil es gegen das Sonnenlicht verschwindend schwach ist.

28. Einen nicht ebenso großen experimentellen Aufwand, aber das gleiche eingehende Interesse wendet man seit vielen Jahren einer andern Unterfrage zu, welche auf die Klarlegung des chemischen Vorgangs bei Erzeugung neuer organischer Masse hinzielt. Warum besorgt allein die lebende grüne Zelle die Sauerstoffabscheidung aus Kohlensäure und Wasser? — Welche Rolle spielt der grüne Farbstoff, dessen Anwesenheit die Zelle zu einer produktionsfähigen macht, dabei? — Auf alle diese wichtigen Fragen hat die Wissenschaft noch keine genügende Antwort gegeben, und Alles, was die Versuche ergeben haben, ist als bloße Vorarbeiten zu betrachten. Es ist allerdings gelungen, den grünen Farbstoff bis zu einem gewissen Grade der Reinheit für sich darzustellen. Wir haben namentlich eine genaue Kenntniß erreicht von dessen Verhalten dem Lichte gegenüber, von den Strahlengattungen, welche der Farbstoff durchläßt, und von denen, die er verschluckt. Aber weder haben wir den Farbstoff außerhalb von lebenden Pflanzenzellen dazu vermocht, im Lichte aus kohlensäurehaltigem Wasser Sauerstoff abzuscheiden, noch ist uns dies bei irgend einer andern künstlichen Zusammenstellung gelungen, so daß wir eben immer wieder aussprechen müssen: es ist die lebende grüne Zelle, welche etwas Derartiges ganz allein fertig bringt. Und eben in diesem Bekenntniß, in welchem das geheimnißvolle Wort Leben eine Rolle spielt, ist das Geständniß unseres Unvermögens zu einer tiefern

Einsicht der Ursache nach eingeschlossen. Sobald die Lebensthä=
tigkeit in irgend einem Stücke begriffen ist, können wir bei dessen
Beschreibung dieses Wortes entrathen. Wir können z. B. den
Verdauungsproceß der Thiere, welchen wir in einer Glasflasche
nach Willkür sich abspielen lassen können, in allen seinen wesent=
lichen Punkten darstellen ohne eines lebenden Magens Erwäh=
nung zu thun.

29. Auch mit der Entstehung der Pflanzenzellen mit
grünem Inhalte hat sich die Forschung vielfach befaßt. Gemein=
hin ist auch das Licht dazu nothwendig, um vorher ungefärbten
Pflanzentheilen die grüne Färbung zu ertheilen, ohne natürlich
umgekehrt dem Lichte die Fähigkeit zuzusprechen, einen jeden
ungefärbten Pflanzentheil grün zu malen. Ein Keimling, im
Finstern erzogen, producirt nicht blos nicht, weil Licht zur Pro=
duktion nothwendig ist, sondern auch nicht, weil der grüne
Farbstoff sich im Dunkeln nicht ausbildet und durch ein fahles
Gelb ersetzt wird. Dazu kommen dann noch andere Einwir=
kungen der Dunkelheit, welche sich als Gestaltsveränderungen
zusammenfassen lassen. Ein ganz unnatürliches Längenwachs=
thum, eine geringe Breitenentwickelung der Blätter, ein wasser=
reiches substanzarmes Gewebe — kurz Eigenschaften, wie wir
sie an Kartoffelschößlingen in dem Keller oder an dem in
den Rübengräbern ausgetriebenen Rübenkraute wahrnehmen;
das Alles ist für die im Dunkeln erzogene Pflanze charakteristisch
und gibt uns Veranlassung, dieselben mit einem eigenen Namen,
einer vergeilten oder etiolirten Pflanze zu bezeichnen. Aber die
völlig bleiche Farbe ist unter diesen ungewöhnlichen Lebensbe=
dingungen nur die Regel, nicht ein unumstößliches Naturgesetz, zum
Zeichen, daß das Licht nur eine mittelbare Rolle spielt, und
gelegentlich, wenn auch noch so selten durch andere Kräfte ersetzt
werden kann. Einige wenige Keimlinge ergrünen bei völligem

Abschluß von Licht, und jener gelben Färbung der vergeilten
Pflanze scheint wenigstens eine Spur des eigentlichen grünen
Farbstoffs beigemischt zu sein, wie ganz neue Versuche wahr=
scheinlich machen. Auch sind zum Ergrünen nur sehr geringe
Mengen von Licht nothwendig, was auch für die geringere Be=
deutung der Rolle, welche hier das Licht spielt, spricht.

30. Und selbst damit ist die Abhängigkeit der grünen
Pflanzentheile vom Lichte noch nicht erschöpft. Licht ist auch
nothwendig, damit die fertig gebildeten und gefärbten Blätter
in richtiger Beschaffenheit erhalten bleiben, Licht wirkt mit bei der
Entfärbung der immergrünen Blätter in der Kälte — ein weites
Feld für wissenschaftliche Einzelforschungen, aber ohne so un=
mittelbare Beziehungen zu dem praktischen Zwecke, um dessent=
willen der Landwirth sich für die Gesetze des Pflanzenlebens
interessirt.

2. Abschnitt.

Umwandlungen und Ortsveränderung der verbrennlichen Stoffe in der Pflanze.

Der Vorgang der Erzeugung der verbrennlichen Pflanzen=
stoffe, wie ihn die vorausgehende Darstellung gelehrt hat, würde
nur Aufschluß geben über das Vorkommen von diesen Stoffen
innerhalb der grünen Zellen, welche wir allein als produktions=
fähig gefunden haben; er würde uns ferner nur Aufschluß geben
über das Vorkommen derjenigen Stoffe daselbst, welche als
unmittelbare Produkte jenes wunderbaren Vorgangs anzusehen
sind; er würde uns aber gänzlich im Dunkeln lassen über die Ver=
sorgung der zahlreichen nichtgrünen Pflanzentheile, über das
Wachsen der Wurzelfrüchte, über das Dickerwerden der Baum=
stämme, über das Reifen des Obstes. Und ebenso würden wir
von dem bis dahin erlangten Standpunkte aus uns nicht Rechen=
schaft zu geben vermögen von dem Auftreten so zahlloser chemi=
schen Körper, welche alle unter dem allgemeinen Ausdrucke: ver=
brennliche Stoffe zusammengefaßt in den Pflanzen aufzutreten
pflegen.

31. Welche sind nun eigentlich die unmittelbaren Er=
zeugnisse der Produktionsthätigkeit, welchen in der Folge so
mannigfache Wandlungen und Wanderungen bevorstehen? —
Wir sind im Stande, hierauf eine bestimmte und auch eine
sehr einfache Antwort abzugeben, aber sehen wir zugleich, auf
welche Belege hin sie abgegeben werden kann. Wenn man grüne

Pflanzentheile, nachdem sie unter zuträglichen Bedingungen lange dem Sonnenlichte ausgesetzt waren, mit dem Vergrößerungsglas betrachtet, so sieht man, wie Körnchen des gewöhnlichen Stärkemehls in dem dicklichen grünen Zellsafte eingeschlossen erscheinen. Es kann kein Zweifel darüber bestehen, daß es sich wirklich um Stärkekörnchen handelt, weil wir ein untrügliches Hülfsmittel besitzen, diesen Stoff als solchen zu erkennen. Jod in Weingeist gelöst ist ein solches Mittel; dasselbe erzeugt mit Stärke zusammengebracht eine äußerst tiefe Bläuung, und kein anderer Stoff zeigt mit Jodlösung etwas Aehnliches. Dieses Erkennungsmittel kann auch unter den schärfsten Vergrößerungsgläsern angewandt werden; und solche sind durchaus unentbehrlich, um die einschlagenden Beobachtungen zu machen. —

32. Ist es so unzweifelhaft erwiesen, daß jene Einschlüsse aus feinen Stärkekörnchen bestehen, so ist es nicht minder gewiß, daß die Bedingungen ihres Entstehens und Vergehens die nämlichen sind, wie man sie überhaupt für die Vermehrung der verbrennlichen Trockenmasse kennen gelernt hat. Wird einer leistungsfähigen Zelle bei voller Beleuchtung die Kohlensäure vorenthalten, so tritt kein Stärkemehl in der grünen Masse auf. Wird eine solche dauernd durch irgend eine unerfüllte Bedingung an der Produktion gehindert, so verschwinden die Stärkeeinschlüsse wieder — in Folge anderweitiger Verwendung des neuerzeugten Stoffes. Es ist namentlich der weitbekannte Pflanzenphysiologe, J. Sachs gewesen, welcher sich um den Nachweis dieser Gesetzmäßigkeiten ein hohes Verdienst erworben hat.

33. Diesem unverkennbaren Augenscheine entsprechend ist man geneigt, das Stärkemehl als das Erstlingsprodukt der grünen Pflanzenzellen anzusehen. Jedenfalls ist es als das erste bis zu größeren Massen sich anhäufende Produkt aufzufassen, ohne daß damit über das Vorkommen etwaiger Zwischenstufen

abgesprochen wäre. Aber auch so vorsichtig gefaßt, haben wir es nur mit einer Regel, nicht mit einem Gesetze zu thun, das keine Ausnahme leidet; denn bei einigen wenigen Pflanzen treten Fetttröpfchen als erste wahrnehmbare Erzeugnisse der grünen Zellen auf; in andern Fällen kommt es gar nicht zu sichtbaren Ausscheidungen, sondern es gelingt nur, im Safte der entsprechenden Zellen die Anwesenheit von Zucker nachzuweisen. Die letztere Beobachtung läßt sich nun mit der gewöhnlichen Form der Wahrnehmung recht gut in Einklang bringen. Stärkemehl und Zucker sind sich nahe verwandt, gehen in der Pflanze so leicht in einander über, daß es ziemlich gleichgültig ist, ob wir das Auftreten des einen oder des andern feststellen. Auch künstlich sind wir wenigstens fähig, Stärkemehl in Zucker zu verwandeln, und die Traubenzuckerfabrikanten, deren Rohmaterial das Stärkemehl der Kartoffel ist, machen die ausgedehnteste Anwendung von dieser Möglichkeit. Dabei findet keine weitere Veränderung der Zusammensetzung statt. Nur 10 Procent Wasser werden aufgenommen und in die Trockenmasse des Zuckers einverleibt. So können wir geradezu aussprechen: Stärke ist für die Pflanze die unlösliche Form des Zuckers, dieser stellt die gelöste Form des ersteren dar.

Und, wenn wir diese Thatsachen berücksichtigen, so zweifeln wir, ob wir nicht trotz des Augenscheins gerade den Zucker ganz allgemein als das Erstlingsprodukt in den grünen Zellen ansprechen sollen; denn wir wissen, daß, wo in der lebenden Pflanze ein Uebermaß von Zucker auftritt, einfach Stärkemehl niedergeschlagen wird, wobei das Sättigungsvermögen verschieden gearteter Zellen für Zucker das allerverschiedenste ist.

34. Auch zu den Fetten bestehen einfache Umwandlungsbeziehungen von Seiten des Zuckers an sehr verschiedenen Orten

der Pflanze. Hier haben wir es freilich mit einer tiefgreifenden Zusammensetzungsänderung zu thun, welche sich nicht so ohne Weiteres abwickelt. Wenn Zucker und Stärke so zusammengesetzt sind, als wenn sich Kohlenstoff und Wasser mit einander verbunden hätten, so ist in den Fetten auch noch der Sauerstoff des Wassers bis auf einen kleinen Rest verschwunden, und wir nähern uns mit diesen Körpern merklich den reinen Kohlenwasserstoffen. Wenn demnach auch Fette in Stärke oder Zucker durch einfache Sauerstoffaufnahme durch eine unvollständige Verbrennung übergehen könnten, so kann der umgekehrte Vorgang, welcher der Gegensatz ist einer Verbrennung, wie wir in unserem ersten Abschnitte auszuführen hatten, nicht ohne äußere Kraftquelle vollzogen werden. Da nun außerhalb der grünen Zellen solche Kraftquellen nicht zur Verfügung stehen, aber gerade in solchen nichtgrünen Zellen fortwährend die weitgehendsten Stoffverwandlungen vorkommen, so bleibt kein Ausweg, als die Rückverwandlung von Zucker in einen Fettkörper durch Spaltung vor sich gehen zu lassen, also daß sich Kohlensäure und zugleich etwas Wasser abspaltet; dann wird, da sehr sauerstoffreiche Stoffe fortgenommen werden, ein sehr sauerstoffarmer wie Fett zurückbleiben können. Daß wir es in diesem Auswege mit einem möglichen zu thun haben, beweist die Betrachtung der Wandlung und Rückwandlung als einziger Vorgang. Fett wird zu Zucker durch Sauerstoffaufnahme, Zucker wird zu Fett durch Kohlensäure- und Wasserabgabe. Also Alles in Eins gerechnet, bleibt Fett Fett, nur ein Theil davon verbrennt mit Aufnahme von Sauerstoff vollständig zu Wasser und Kohlensäure. Wir haben es also, in dieser Weise geordnet, mit einem einfachen Verbrennungsvorgange zu thun, der überall und ohne Aufwendung von äußerer Kraft möglich erscheint.

35. Diese Beziehungen der Fette zu der Stärkemehl-

gruppe sind deßhalb wichtig, weil jene neben dieser eine große Bedeutung für den Haushalt der Pflanze in Anspruch nehmen, aber wie alle nicht ganz unmittelbaren Erzeugnisse der grünen Zelle ihren Ursprung von diesen Erstlingsprodukten herschreiben müssen. Sehen wir zu, wie sich Stoffe der Stärkegruppe und andere Stoffe der gleichen Elementarzusammensetzung an dem Aufbau und der Einrichtung des Pflanzenleibes betheiligen. — Wir können hauptsächlich solche unterscheiden, welche gleichsam als Bausteine des immer wieder neu zu errichtenden Gebäudes dienen, und dann solche, welche als Vorräthe für eine Periode anzusehen sind, in der die Neubeschaffung von Material seine Schwierigkeiten hat. Wir sprechen in diesem Sinne dann von Baustoffen und von Vorrathsstoffen.

36. Wenn wir den Pflanzenleib nun doch einmal mit einem Gebäude vergleichen, wie es von Menschenhand errichtet wird, so ergeben sich für seine nähere Einrichtung sofort nahe liegende Vergleichungspunkte. Wie in einem Hause einzelne Stuben und Kammern abgetheilt werden, so sind auch in dem Pflanzenkörper viele durch feste Wände abgegrenzte Räume hergestellt, und wenn die Pflanze wächst, so finden in einer für uns noch räthselhaften Weise solche Abtheilungen des frisch angelegten Pflanzenstücks durch Längs- und Querwandungen fortwährend statt. Nach Außen hin sind — ähnlich wie bei den menschlichen Bauconstructionen — diese Wandungen meistens von bedeutenderer Dicke und Widerstandsfähigkeit.

Diese Einrichtung bietet für die Pflanze nicht blos die Vortheile dar des innern Zusammenhangs und der Festigkeit, sondern wieder ähnlich dem angezogenen Vergleichungsgegenstande handelt es sich um Abtrennung von Räumen, die zu verschiedenen einander störenden Verrichtungen dienen, also etwa nach dem Vorbilde einer Fabrik, in welcher an dem einen Orte Dampf erzeugt, an dem andern Garn gesponnen werden soll — Processe, welche in einem und demselben Raume einander hinderlich sein würden.

Die einzelnen so abgetheilten Orte sind nun in der Pflanze außerordentlich klein, so daß die Erfindung sehr scharfer Vergrößerungsgläser dazu nothwendig war, sie wahrzunehmen und ihrer nähern Einrichtung nach zu studiren. Dem entsprechend ist natürlich eine sehr große Zahl von einzelnen abgetheilten Räumen selbst in einer sehr kleinen Keimpflanze vorhanden; und selbst die größte Kaserne oder das ausgedehnteste Fabrikgebäude würde in dieser Hinsicht einen Vergleich nicht aushalten. Man hat deßhalb auch die beobachteten Räume nicht als Zimmer sondern nur als Zellen bezeichnet.

37. Unsere Frage läuft also zunächst darauf hinaus, aus welchem Materiale denn diese Wandungen, welche nun natülich Zellwandungen heißen, aufgeführt sind? — Es ist nicht gar schwierig, die Zellwandungen aus einer Pflanze in ziemlicher Reinheit für sich zu gewinnen. Ein gründliches Zertrümmern des Gebäudes, ein Auslaugen und Wegschwemmen des nicht Niet- und Nagelfesten durch Wasser muß dazu den besten Weg darstellen. Einige chemische Mittel, welche auf die Zellwandungen nicht schädigend wirken, thun dann zur Vervollkommnung des Reinigunsprocesses das Ihre. Man erhält auf solche Weise aus ganz beliebigen Pflanzen und Pflanzentheilen regelmäßig eine farblose faserige Masse, wie sie etwa unser Papier darstellt, und in der That ist dieses Papier ja auch nichts Anderes als solche ausgelaugte pflanzliche Zellsubstanz, nur auf einem Umweg aus besonders langgedehnten und widerstandsfähigen Zellwandungen, den sog. Gespinnstfasern gewonnen.

Wenn man nun diese übrig bleibende Masse einer chemischen Untersuchung unterwirft, so ergiebt sich genau die Zusammmen-

setzung des Stärkemehls, sowohl der Art der betheiligten drei
Grundstoffe nach, wie nach den Verhältnissen ihrer Zusammen-
mischung. Trotzdem haben wir es in ihm nicht mit Stärkemehl
selber zu thun, sondern nur mit einem Stoffe aus derselben
Gruppe und diesem allerdings so nahe verwandt, daß blos eine
Behandlung mit einer starken Säure dazu gehört, um jenen in
dieses überzuführen. Wir unterscheiden daher den Baustoff der
Zellwände durch einen besonderen Namen, Zellstoff. Neben
diesem Stoffe betheiligen sich dann an dem Aufbau älterer ver-
holzter Zellwandungen auch noch einige andere etwas sauerstoff-
ärmere Verbindungen, von deren Behandlung wir hier Umgang
nehmen können.

38. Wir stoßen hier zum ersten Male auf die anfangs
befremdliche Thatsache, daß zwei Stoffe von genau der gleichen
qualitativen und quantitativen Zusammensetzung verschiedene
Eigenschaften aufweisen können. Wie stimmt dies mit unserer
chemischen Grundanschauung, daß die Verschiedenheit der zusammengesetzten Stoffe aus der Verschiedenheit der Zusammensetzung zu erklären sei? — Dieses widerspruchsvolle Vorkommniß,
in der unorganischen Welt vergleichungsweise eine Seltenheit, ist
für die kohlenstoffhaltigen Körper etwas Alltägliches; und
eben dadurch wird auch ihre Erklärung erleichtert. Der
Kohlenstoff zeigt von allen Grundstoffen die mannigfaltigsten
Verbindungsverhältnisse, so zwar, daß das Studium der Com-
binationen dieses einzigen Elementes unsern Chemikern mehr
Mühe macht, als die Chemie aller übrigen Grundstoffe zu-
sammengenommen.

Wir können uns etwa durch folgendes Bild die nicht ab-
zuläugnende Thatsache zurecht legen. Aehnlich wie ein Maler
mit qualitativ und quantitativ genau derselben Menge von
Carmin, Indigo, Bleiweiß ꝛc. das eine Mal einen schmutzigen

Jungen, das andere Mal ein Fruchtstück auf seiner Leinwand
hervorzaubern kann, ähnlich wie der Buchdrucker mit genau den=
selben Lettern heute eine Heiligengeschichte, morgen eine Schmäh=
schrift setzen kann; ähnlich kommt es bei der Zusammensetzung
der Körperwelt aus Grundstoffen nicht blos auf die Pausch=
analyse, sondern ebenso auf die nähere Anordnung der Einzel=
bestandtheile an, und wir dürfen uns darnach nicht mehr wundern,
daß z. B. der saure Essig und der süße Zucker genau einerlei
Zusammensetzung aufweisen. Ja wir besitzen sogar einige Mittel,
mit einer gewissen Wahrscheinlichkeit etwas über diese nähere
Anordnung der Elementarbestandtheile zu erfahren. Also sogar
die Wissenschaft, die es unternimmt, sich ausschließlich mit dem
Stoff als solchem zu beschäftigen, auch sie kann ihrer Aufgabe
nicht gerecht werden, ohne der Form Rechnung zu tragen.

Der Kohlenstoff nun, mit der mannigfaltigsten Verbindungs=
fähigkeit andern Grundstoffen gegenüber begabt, er kommt auch
dem entsprechend am häufigsten in die Lage, bei gleicher durch=
schnittlicher Betheiligung blos durch wechselnde Anordnung
Verbindungen von wechselnden Eigenschaften zu erzeugen. Die
Kohlenstoff=, Wasserstoff= und Sauerstofftheilchen des Zellstoffs
und des Stärkemehls haben wir uns daher in verschiedener An=
ordnung zu denken. Allein die Anordnung wird immerhin eine
sehr ähnliche sein, da beide Körper einander so nahe stehen und
ersterer sich so leicht in letzteren überführen läßt, was sonst bei
dergleichen Fällen, z. B. für den oben angeführten von Essig
und Zucker entfernt nicht immer der Fall ist.

39. Die Beziehungen des Hauptbaumaterials zu den Erst=
lingserzeugnissen der grünen Zelle sind also äußerst einfache.
Wir haben es mit lauter Stoffen der nämlichen Gruppe zu
thun, welche ohne tiefgreifende chemische Vorgänge in einander
überführbar sind. Wenn also nur das in den grünen Zellen

neugebildete verbrennliche Material rasch an die Stätten des
Neubaues in der Pflanze geschafft werden kann, so wird die Er-
richtung von neuen Außen= und Zwischenwänden keinerlei
Schwierigkeiten haben.

40. Sehen wir zu, ob sich ebenso einfache Beziehungen
zu den vorrathsweise aufgespeicherten Stoffen ergeben. Auch darin ist wieder die Pflanze etwa einem Fabrikgebäude vergleichbar,
daß die fertig gestellten Kammern oder Zellen zu einem Theil
und in gewissen Jahreszeiten mit Vorrathsstoffen angefüllt werden.
Und auch der Nußen dieser Einrichtung erlaubt das Gleichniß
fortzuspinnen. Die Gewächse sind im kalten und gemäßigten
Klima das ganze Jahr hindurch nicht gleichmäßig befähigt, neue
verbrennliche Stoffe fortzuerzeugen. Auch in den heißen Zonen
zieht oft periodische Trockniß eine ähnliche Grenze wie bei uns
die Winterkälte. In der kalten Jahreszeit gehen nun regelmäßig die grünen lebhaft vegetirenden Blätter und Triebe zu
Grunde, da gerade das am meisten mit sichtbarlichem Leben
Begabte dem Tode am raschesten unterliegt. Nichts bleibt
übrig, als Organe und Pflanzentheile, welche zwar die Fähigkeit zur Neuentwickelung in sich verborgen tragen, aber zur
Zeit nicht vegetiren und eben deßhalb am unempfind-
lichsten gegen äußere Einflüsse sind. Diese widerstandsfähigen Organe, sie mögen nun bei den mehrjährigen Gewächsen
Stamm und Wurzel oder bei den einjährigen Samen heißen,
müssen im Frühjahr erst die grünen Theile aus sich heraus
entwickeln, es muß auch ein vorübergehender Frostschaden an diesen
wieder überwunden werden können; und erst nach einiger Zeit
kann von einer ansehnlichen Neuproduktion wiederum die Rede
sein. Hierzu sind Vorrathsstoffe an verbrennlicher Pflanzensubstanz erforderlich, gerade wie man deren in Fabriken, im

landwirthschaftlichen Betriebe bedarf, oder auch wie Banken für Perioden der Krisen Reservekapitalien anzusammeln pflegen.

41. Die Lage der Vorrathskammern ist freilich in verschiedenen Gewächsen eine recht verschiedenartige. In den Bäumen dient das Holz, welches der größeren Masse nach alle ausdauernden Organe bildet, selber als solches. Bei den Wurzel- und Knollengewächsen sterben im Winter die oberirdischen Pflanzentheile ab, und dort sind es eben die massig entwickelten Wurzel- und unterirdischen Stengelorgane, von deren Vorräthen die im Frühlinge austreibenden Sprossen zehren. In dem Samen finden sich regelmäßig neben den ganz in Miniatur angelegten jungen Pflänzchen besondere, freilich je nach der botanischen Natur des Samens sehr verschiedenartige Stoffbehälter, nach deren Abtrennung der Keimling aufhört entwickelungsfähig zu bleiben.

42. Je nach dem Orte dieser Reservebehälter in einer Pflanze richtet sich nun zum Theil auch die Natur der angehäuften Vorrathsstoffe. In dem Holze treffen wir mit großer Regelmäßigkeit nur Stärke an, die sich dann in der ersten Frühlingswärme vor dem Austreiben der Knospen in Zucker verwandelt. Die Beziehung dieser Stoffe zur Entwickelung des jungen Laubes tritt besonders klar zu Tage bei Manipulationen, welche wir aus Spielerei oder in technisch vollkommener Weise mit den süßen Frühjahrssäften der treibenden Bäume vornehmen. Wenn aus dem Ahorn durch Abzapfen des Zuckersaftes eine große Menge der in Fluß gerathenen Bildungsstoffe entfernt wird, so leidet die Entwickelung seiner grünen Organe Noth; und aus dem gleichen Grunde wacht der sorgsame Waldhüter darüber, daß lüsterne Jungen nicht eine ähnliche Industrie an den jungen Birken extemporiren.

43. In den Wurzelorganen finden wir auch Reservestoffe

aus der Stärkegruppe; aber es ist nicht immer das Stärkemehl selber, welches dort vertreten ist. Die Knollen unseres weitverbreitetsten Wurzelgewächses, der Kartoffel, sind ein vortreffliches Beispiel für eine ganz enorme Stärkemehlanhäufung, wie wir auch bekanntlich durch Anbau dieser Pflanze am wohlfeilsten Stärkemehl im Großen erzeugen. In den Runkelrüben dagegen geschieht die Ansammlung in Form von krystallisirbarem Rohrzucker; in den Pferdekartoffeln in Form eines weniger bekannten Gliedes der Stärkegruppe, welches sich auch wie der Zucker nur in gelöstem Zustande in der Pflanze vorfindet, von sogenanntem Inulin.

In allen diesen Fällen ist die Beziehung der dauernd niedergelegten Vorrathsstoffe zu den ursprünglich in den grünen Zellen erzeugten eine ebenso überraschend einfache, wie dieser letzteren zu dem Baustoffe der Zellhaut. Es handelt sich bei den betreffenden Umwandlungen höchstens um eine geringfügige Hinzuziehung oder Abtrennung von Wasser oder um ganz untergeordnete Umordnung der betheiligten Grundstoffe.

44. Nicht ganz so einfach ist aber die Sachlage für die Samen. Allerdings auch hier ist der Fall ein ganz gewöhnlicher, daß Stärke sich als Vorrathsstoff anhäuft. Wir gewinnen nicht blos aus Kartoffeln Stärkemehl sondern auch aus Weizen, und überhaupt sind hierfür die allerverschiedensten Getreidearten vom Roggen bis zum Reis sehr augenfällige Beispiele. Aber wir brauchen doch keine sehr ausgedehnte Rundschau zu halten, um auch der fetthaltigen Sämereien zu gedenken, z. B. der bezeichnend genug so genannten Oelsaaten, ferner des Kürbis-, des Ricinussamens und vieler anderen. Hier sind zum Theil neben Stärke, aber doch in sehr großem Maßstabe, Fette in den Vorrathskammern, die dem jungen Keimlinge dienen sollen, angehäuft, und auch diese müssen, vielleicht nach längeren

Umwegen, aber deßhalb nicht minder sicher, ihren Ursprung von dem Stärkemehl ableiten, das seiner Zeit in den grünen Blättern der Mutterpflanze neu erzeugt worden ist. Freilich hat man, wie ich vorhin nicht verschwiegen habe, in einzelnen Pflanzen auch schon Fette in den grünen Organen aufgefunden, und zwar unter Verhältnissen, daß man geneigt ist, auch sie als Erstlings= produkt der Erzeugung von verbrennlicher Pflanzenmasse daselbst aufzufassen. Allein diese Pflanzen sind nicht die nämlichen, von denen hier die Rede ist, so daß dadurch die Sachlage mit Nichten vereinfacht werden kann.

Wir sind daher darauf angewiesen, die Stoffe der Fett= gruppe und diejenigen der Stärkegruppe als in einander über= führbar anzusehen, und aus diesem Grunde haben wir für diese Verwandlung vorhin einige allgemeine Gesichtspunkte anzugeben versucht. Es bleibt für unsere Betrachtungen natürlich gleich= gültig, ob diese Ueberführung direkt geschieht, oder ob dabei ge= wisse Zwischenstufen betreten werden. Eine Umwandlung von einem Fett in Stoffe aus der Stärkegruppe, ein Vorgang, der einfach durch Zutritt von Sauerstoff möglich erscheint, muß in allen Fällen stattfinden, wo ein fetthaltiger Same auskeimt, wo also neue Zellwandungen auf Kosten von einem Reservevorrath an Fett angelegt werden. In der That kann man derartige Uebergänge mit Hülfe periodisch vorgenommener Untersuchungen bis ins Einzelne nachweisen und verfolgen.

Das Umgekehrte muß natürlich statthaben, wenn solche fett= haltigen Vorrathskammern neu angelegt werden, also zur Zeit der Samenreife. Da wird das in den Blättern erzeugte Stärke= mehl das Rohmaterial abgeben für das in der Umgebung des Embryo niederzulegende Oel. Wir haben gesehen, daß dieser Vorgang der Sauerstoffverminderung, da er nicht blos in grünen Organen und unter Einfluß des Sonnenlichtes erfolgt, nicht

einfach in einer Ausgabe von Sauerstoff bestehen kann, sondern
daß wir ihn uns als einen Spaltungsprozeß denken müssen.
Wir haben allen Grund uns denselben so vorzustellen, daß dabei größere Mengen von Kohlensäure ausgegeben werden.

45. Immerhin würden sich die Umwandlungsvorgänge in
der Pflanze noch erstaunlich einfach gestalten, hätten wir es in
derselben nur mit Stoffen aus der Stärkegruppe und solchen
aus der Fettgruppe zu thun. Thatsächlich liegen die Verhältnisse viel verwickelter; aber doch nur insofern, als die Zahl der
in den Pflanzen anzutreffenden einzelnen Stoffe, ja der daselbst
vertretenen Stoffgruppen eine sehr große ist; nicht in Bezug
auf die Rolle, welche diese Stoffe spielen. Wir sind allerdings
noch nicht tief eingeweiht in die chemischen Vorgänge, welche
sich im Pflanzenleibe abwickeln; aber so viel ist doch gewiß, daß
diejenigen Stoffe, von welchen Leben und Gedeihen der Pflanze
abhängt, nur sehr wenige sind. Die meisten der zahllosen
übrigen organischen Substanzen, von denen wir zunächst zu berichten hätten, sind nur ganz vereinzelt in wenigen Pflanzenarten
angetroffen worden, oder gar nur in einer Art unter bestimmten Umständen, unter anderen aber nicht. So bringt der Schier-
ling seinen Giftstoff nicht an allen Standorten (z. B. in Schottland nicht) und unter allen Ernährungsverhältnissen hervor, und
ganz Aehnliches wird auch von den Chinabäumen berichtet, die
in unseren Treibhäusern, obwohl gedeihend, doch das fieberver-
scheuchende Alkoloïd nicht erzeugen.

Aus solchen Beobachtungen geht aufs deutlichste hervor,
daß derartig sporadisch oder launisch auftretenden Stoffen keine
ganz allgemeine Bedeutung fürs Pflanzenleben zukommen kann;
und mit dieser haben wir es ja einstweilen zu schaffen. Wir
sind daher in der glücklichen Lage, die meisten der übrigen kohlenstoffhaltigen Substanzen mit Stillschweigen übergehen zu können.

4*

46. Einige Worte sind nur von den Pflanzensäuren zu sagen, einmal weil sie zu den allgemein verbreitetsten Stoffen in der Pflanze gehören, und dann, weil man sie schon einmal einer wichtigen Rolle im Haushalte dieser Organismen gewürdigt hat. Freilich von so ausgedehnter Verbreitung sind sie nur als Gruppe, von keiner einzelnen Säure kann man sagen, daß sie so regelmäßig in den Gewächsen angetroffen wird, wie Stärke, Zucker oder der Zellstoff. Und die Verschiedenheit innerhalb der Gruppe, namentlich in Bezug auf den procentischen Gehalt an Kohlenstoff oder Sauerstoff ist diesmal recht groß. Von einem sehr raschen oder gar wechselseitigen Uebergang in einander kann, abgesehen von besonderen Fällen, kaum die Rede sein. Eine der verbreitetsten, die Kleesäure, welche den Sauerklee des Waldes für die Kinder so anziehend macht und sogar im Großen aus diesem Kraute gewonnen werden kann, ist z. B. sehr viel sauerstoffreicher wie die Glieder der Stärkegruppe, andere wie die Weinsäure, die Zitronensäure oder gar die Aepfelsäure, deren Hauptvorkommnisse immer durch den Namen angedeutet sind, stehen jenen weit näher.

47. Durch diese Art des Vorkommens und der Vertheilung wurde aber die Vorstellung, welche man sich lange Zeit von der Bedeutung dieser kohlenstoffhaltigen Säuren für das Pflanzenleben gemacht hat, keineswegs verhindert. Nämlich man dachte sie sich, eben wegen ihres verhältnißmäßigen Sauerstoffreichthums, als Uebergangsstufen zwischen Kohlensäure und Wasser einerseits und Stärkemehl andererseits bei der Erzeugung des letzteren in den grünen Blattorganen. Der Gründe, warum man von dieser zwar unnöthigen, aber ganz plausibeln Vorstellung mehr und mehr zurückgekommen ist, sind mehrere; als der gewichtigste aber wird wohl zu bezeichnen sein: weil man niemals Sauerstoffausscheidung im Sonnenlichte bei Abwesenheit von Kohlensäure

bemerkt hat, während dies doch für saure grüne Pflanzentheile eine nothwendige Folge der gehegten Anschauung wäre. Erst ganz neue aber noch nicht voll abgeschlossene Untersuchnngen des Darstellers haben gezeigt, daß die Fettpflanzen sich anders verhalten und daß bei ihnen wahrscheinlich dennoch einige Pflanzensäuren als Ausgangspunkte der Sauerstoffabscheidung dienen. Aber hierdurch scheint die allgemeine Auffassung von der Bedeutung der Pflanzensäuren nicht geändert zu werden. Sonst hat man stets beobachtet, daß z. B. in reifenden Früchten, wo die Säuren immer mehr und mehr gegen den Zucker in den Hintergrund treten, und woselbst man also eine derartige Stoffwandlung muthmaßen könnte, für 1 Theil verschwindender Säure oft das 10 bis 20 fache an Zucker auftritt, so daß also offenbar beide Vorgänge gar Nichts mit einander zu schaffen haben.

48. Da wir an Stelle dieser irrthümlich angedichteten Aufgabe keine Function der Pflanzensäuren kennen, so sind wir heute im Allgemeinen sehr geneigt, diese als Endprodukte des vegetabilischen Stoffwechsels anzusehen, als Substanzen, welche durch unvollständige Verbrennnng entstehen, um vielleicht durch eine vollständigere wieder zerstört zu werden — eine Meinung, welche freilich einen provisorischen Charakter hat nnd nur für die Kleesäure einiger Maßen erwiesen ist.

Weit hypothetischer hätte unsere Meinungsäußerung in Bezug auf die physiologische Bedeutung der übrigen kohlenstoffhaltigen Pflanzenbestandtheile lauten müssen, und deßwegen hätte es wenig Zweck, auf dieselben einzugehn. Wohl aber haben wir noch weitere Folgerungen aus dem vorhin Dargelegten zu ziehen.

49. Wir haben von den Stoffwandlungen gesprochen, welche bei der Neuanlage von Pflanzentheilen, bei ihrem Ausbau, und dem Anfüllen derselben mit Vorrathsstoffen nothwendig vollzogen werden müssen. Von einem andern Umstande, welcher bei diesen

Vorgängen ebenso in Rechnung gezogen sein will, haben wir aber geschwiegen. Das Stärkemehl der grünen Zelle oder der Kartoffelknolle ist ein fester Körper, ebenso die Zellwand, welche in einem entlegenen Sproß aus ihm gebildet werden soll. Wie wird das spröde Material an die Orte seiner Verwendung geschafft? Wie ist ein solcher Transport vollends möglich, wenn die Pflanze in der ausgeführten Weise durch hunderttausende von Querwänden in lauter äußerst kleine Fächer getheilt ist? Sind in den Zellwänden Löcher angebracht, wie Thüren in einem Hause?

Auf die letzte Frage ist ganz bestimmt zu antworten, daß die Zellen allseitig umschlossen, und daß die Wände für unsere auch durch Mikroskope geschärfte Wahrnehmung völlig dicht sind. Aber, wir wissen ja, daß Häute, die so undurchlässig sind, daß sie eher zerspringen, als daß sie unter einem einseitigen Druck etwas filtriren ließen, doch unter gewissen Umständen für ganz bestimmte Flüssigkeiten das Gegentheil zeigen. Wir schließen daraus, daß scheinbar dichte Körper, doch sehr kleine Lücken zwischen ihren Theilchen besitzen müssen, welche aber nur für bestimmte Stoffe passirbar sind, so daß die chemischen Eigenthümlichkeiten einer Haut dafür in Betracht kommen. Flüssig aber muß der Stoff jedenfalls sein, der in der Pflanze auf Transport von einem entlegenen Organe zum andern rechnet, da sich hier nicht wie im Thierleibe ein communicirendes Gefäßsystem, dessen Inhalt durch mechanische Gewalt vorwärts getrieben wird, findet.

50. Wenn also ein Vorrath von Stärkemehl mittelbar dazu dient, in einer entfernten Gegend der Pflanze neue Zellen zu bilden, so kann das Stärkemehl doch nicht als solches dorthin wandern, sondern dasselbe muß verflüssigt werden und zwar zu einer Flüssigkeit, welche leicht durch

Zellhäute hindurchgeht. An sich ist das Stärkemehl nun bekanntlich im Wasser unlöslich, und so ist es nothwendig, daß eine chemische Umwandlung mit demselben zu Zucker vorgenommen wird, welcher nun in der That Lösungen giebt, welche die Eigenschaft der Durchgängigkeit in hohem Grade besitzen.

Hauptsächlich aus diesem Grunde, um die Möglichkeit des Stofftransports von den Orten der Erzeugung zu den Orten der Aufspeicherung, von den Orten der Aufspeicherung nach den Orten des Verbrauchs begreifen zu können, haben wir vorhin auf die überall in der Pflanze bestehende Umwandlungsfähigkeit der einzelnen Glieder der Stärkegruppe in einander so viel Gewicht gelegt. Auch künstlich sind wir wenigstens durch sehr mannigfaltige Mittel im Stande, Stärke in Zucker und Zellstoff in jene und dann in Zucker zu verwandeln, während uns die Verwandlung in umgekehrter Reihenfolge noch nicht hat gelingen wollen. In der Pflanze ist auch dieses leicht möglich, und für sie haben wir uns der Vorstellung hinzugeben, als wenn in dem Safte, der alle Zellen erfüllt, und der als der eigentliche Sitz des Lebens erscheint, Zucker bis zu einem gewissen Grade löslich sei. Tritt eine Uebersättigung ein, so kann entweder davon durch die Zellwände hindurch an benachbarte Zellen abgegeben werden, oder es findet eine Abscheidung in fester Form statt, aber nun unter den in der Zelle bestehenden eigenthümlichen Bedingungen, in der Form von Stärkemehl. Bei einer solchen Auffassung der Dinge ist es nun auch leicht erklärlich, warum wir auf dem Wanderungswege von Vorrathskammern zu austreibenden Sprossen alle zwischenliegende Zellen mit kleinen Stärkekörnchen angefüllt finden. Diese Körnchen wandern nicht selber, sondern sind nur vorübergehende Absonderungen aus dem mit Zucker übersättigten Zellsaft; es sind gleichsam die an den

Stationen einer Etappenstraße lagernden Vorräthe, die nur auf eine neue Verladung warten, um ihrem Bestimmungsorte näher geführt zu werden.

Von diesem allgemeineren Gesichtspunkte aus ist es nun auch verständlich, warum man in neuerer Zeit geradezu den Zucker als das Erstlingsprodukt der grünen Zelle auffaßt, obgleich man daselbst in der Regel keine größeren Mengen von diesem Stoffe antrifft. Man kann auch hier die sichtbaren Stärkemehlkörner aus dem zuckerhaltigen Zellsafte sich erst von einem gewissen Sättigungspunkte an ablagernd denken, und so stellt sich auch die Thatsache, daß einzelne Pflanzen zuerst nur Zucker und nicht Stärke aufweisen und es überhaupt in den grünen Organen zu keiner Stärkemehlablagerung bringen, nicht mehr als eine Ausnahme von der Regel dar. Daselbst wäre die mögliche Sättigung des Zellsaftes mit Zucker einfach eine ungewöhnlich hochgradige.

51. Aus der Klarlegung der eben behandelten einfachen Gesetzmäßigkeiten ergeben sich nun auch viele praktische Gesichtspunkte. Der Gärtner beschneidet seine Gewächse, um den wandernden organischen Stoffen ganz bestimmte Wege anzuweisen. Die grünen Triebe der Rebe werden unter unseren kärglichen klimatischen Verhältnissen gekürzt, um die Neubildung auf Kosten des bereits Producirten einzuengen, und den mit Zucker beladenen Saft, welcher seinen Weg überall durch vorübergehende Stärkeablagerungen kennzeichnet, in die Früchte zu treiben, welche ihrerseits durch die große Ansammlung von Zucker der Reife dann rasch entgegengehen.

Ganz ähnlich ist die Sachlage beim Tabak, wo der Landwirth durch Entfernen der Mitteltriebe und sodann der Seitentriebe (Geize) die Ausbildung weniger Blätter bis zu einer ungewöhnlichen Größe und Vollkommenheit begünstigt.

52. Auf dieselbe Weise werden uns auch die Augen geöff=
net über die merkwürdige Methode des Ringelns bei der Rebe,
wodurch sehr frühzeitig reife Trauben erhalten werden kön=
nen. Dieselbe besteht darin, einige Zeit nach dem Blühen
unterhalb der tiefsten Traube in die einjährigen Triebe nahe
bei einander zwei kreisförmige Einschnitte zu machen, so daß
die Rinde an dieser Stelle vollständig abgetrennt wird, während
Holz und Mark in Zusammenhang bleibt. Nun muß man be=
achten, daß das Rindengewebe, wie leicht zu erweisen, an dem
Transport des gelösten Zuckers ganz vorzugsweise betheiligt ist,
während das Holz und die Rinde noch genügen, um den gerin=
gelten Zweig von der Wurzel aus mit Wasser zu versorgen.
Die Ringelung hat also die Folge, die in den Blättern eines
Zweiges erzeugten Stoffe sammt und sonders in die dazu gehöri=
gen Trauben zu treiben und sie auf diese Weise rasch an Zucker
zu bereichern, während bei dem natürlichen Zusammenhang der
Dinge ein Theil dieser Stoffe in die untern Zweigpartien ab=
geflossen wäre, um dort eine Stärkemehleinlagerung des Holzes,
welche wir ganz folgerichtig als eine Reife desselben bezeichnen,
zu bewirken. Es ist demnach klar, unter welchen Umständen das
Ringeln am Platze ist, unter welchen nicht.

53. Als wir vorhin von den tiefer greifenden Stoffum=
wandlungen sprachen, sahen wir, daß dieselben nicht vor sich
gehen können ohne Sauerstoffaufnahme und Kohlensäureaus=
gabe. Werden Sauerstoff=ärmere Stoffe verwandelt in Sauer=
stoff=reichere, also z. B. Fette in Zucker oder dieser in Pflan=
zensäure oder endlich diese in Kohlensäure und Wasser, so muß
dabei Sauerstoff aus der umgebenden Luft aufgenommen werden.
Kohlensäure entsteht dabei nur, so weit es sich um eine voll=
ständige Verbrennung handelt. Geschieht das Umgekehrte, wie
es für den Uebergang von Zucker und seiner Verwandten in

fette Körper nachgewiesen ist, so kann dies nur geschehen unter
Kohlensäureabspaltung, die natürlich von einem gewissen Grade
ihrer Erzeugung nach Außen abgegeben werden wird. Da solche
Umwandlungen jedenfalls in viel mannigfaltigerer Weise, als
wir davon Kenntniß haben, unausgesetzt verlaufen, so dürfen
wir uns nicht wundern, wenn Sauerstoffaufnahme und Kohlensäureausgabe bei den Pflanzen an der Tagesordnung ist und
um so größere Dimensionen annimmt, je üppiger überhaupt die
Vegetationsvorgänge verlaufen.

Eine solche Sauerstoffaufnahme und Kohlensäureausgabe ist
dann in der That auch ganz regelmäßig an allen Pflanzen, so
lange sie überhaupt Lebenserscheinungen zeigen, wahrgenommen
worden. Man sieht, es ist dies gerade der umgekehrte Gasaustausch
wie der, welchen ausschließlich die grünen Pflanzentheile bei starker
Beleuchtung unterhalten, und genau der nämliche, wie der,
welchen die Thiere in ihren Lungen vollziehen und welcher unter
diesen Umständen als Athmung bezeichnet wird. Man hat sich
daher auch entschlossen, diesen in der vegetirenden Pflanze fortwährend verlaufenden Gasaustausch, dessen Gesammteffekt ein
Verlust von Kohlenstoff und eine Verbrennung ist, mit dem
Namen Athmung zu belegen, während man früher aus einem
sehr beschränkten Gesichtspunkte den Gasaustausch in der grünen
Zelle, welcher ja eine Produktion darstellt, so benannte.

Also während die grünen Pflanzen verbrennliche Stoffe
erzeugen und in sich niederlegen, consumiren sie auch fortwährend
solche, und mit dieser Einsicht ist es erst recht begreiflich, warum
grüne vom Licht abgeschlossene Pflanzen nicht blos nicht zunehmen an Masse, sondern in einem wahren Hungerzustande sich
befinden. Weil diese zehrenden Athmungsvorgänge nothwendig
vollzogen werden müssen, deshalb bedeutet jeder Stillstand in
der Produktion in Wahrheit einen Rückschritt.

54. Zugleich ist klar, daß der Kohlenstofferwerb in den grünen Theilen unter Einfluß des Lichtes mit viel größerer Raschheit erfolgen muß als der Kohlenstoffverzehr bei der Athmung; denn sonst würde ein Theil der Pflanze nicht im Stande sein, in einem Bruchtheil des Tages so viel verbrennliche Masse zu schaffen, als von der ganzen Pflanze für den ganzen Tag in Anspruch genommen wird, und es könnte vollends nicht noch ein sehr erheblicher Rest übrig bleiben, von welchen die ganze Welt der Thiere und schmarotzenden Pflanzen zu zehren berufen ist. Wirklich ist auch dieser Sachverhalt durch Beobachtung des Gasgehalts einer die Pflanze umgebenden abgeschlossenen Atmosphäre leicht festzustellen. Schon wenige Stunden Beleuchtung während des Tages genügen, um eine grüne Pflanze im Gleichgewicht ihrer verbrennlichen Masse zu erhalten.

55. Diese so lange vernachläßigte Pflanzenathmung erfolgt nun am raschesten in sich entwickelnden und rasch wachsenden Pflanzentheilen, sie erlischt im ruhenden Samen und im winterlich dürren Zweige. Sie ist außerdem abhängig von dem Wärmegrad; Bei null ist sie null, und sie steigt dann beim Erwärmen ziemlich gleichmäßig mit der Thermometerskale bis nahe an den Abtödtungspunkt — des betreffenden Pflanzentheils. Dies ist ein sehr abweichendes Verhalten von der Athmung des höheren Thieres, welche bei steigender Wärme der Umgebung geradezu abnimmt.

56. Aber die thierische Athmung dient auch als eine sehr mächtige Verbrennungserscheinung als Quelle der Wärmeerzeugung, um den Thierkörper auf seiner normalen Eigenwärme zu erhalten; und die Gefahr diese zu verlieren ist natürlich in der Kälte am größten; daher der Nutzen dieser regulatorischen Einrichtung.

Die Pflanze ist verhältnißmäßig sehr unempfindlich gegen

die Temperaturschwankungen ihres eigenen Leibes; sie bedarf als
ein einfacherer Organismus nicht einer stetigen Eigenwärme,
und der Vorgang der Athmung hat für sie nicht die Bedeutung
einer Wärmequelle, obwohl auch gelegentlich eine gesteigerte Ei=
genwärme in Folge ungewöhnlich energisch verlaufender Athmungs=
vorgänge beobachtet werden kann. So wenn man viele Pflan=
zen im Keimungsstadium aufeinanderhäuft, wie dies bei der
Malzbereitung ja geschieht. Es ist leicht, eine Temparatur=
steigerung im Innern eines solchen Haufens nachzuweisen. Noch
auffallender ist diese Erscheinung bei den Blüthenkolben der
Aroïdeen, während sehr rasch verlaufende geschlechtliche Vor=
gänge sich in ihnen vollziehen. Temperatursteigerungen bis zu
10°, also leicht durch das Gefühl nachzuweisen, sind dort nichts
Seltenes. Aber es ist nicht anzunehmen, daß diese selbst er=
zeugte Wärme den Pflanzen irgend wie zu Gute komme; denn
da die Athmungsvorgänge durch hohe Temperaturen sich steigern,
so haben wir es mit einer Wärmequelle zu thun, welche bei
äußerer großer Wärme am reichlichsten fließt, also gerade da,
wo sie entbehrt werden könnte, in der Kälte aber verschlossen
bleibt, wo die Gewächse für eine Temperatursteigerung am
dankbarsten wären.

Die Steigerung der Athmung durch die Temperatur zeigt
so recht, wie die meisten chemischen Vorgänge im Innern der
Pflanze von der Wärme begünstigt werden. Dies gilt z. B.
auch für das Wachsthum, welches mit der Athmung in einem
so nahen Zusammenhang steht. Natürlich wirkt die Tempera=
tursteigerung nur bis zu einem gewissen Punkte günstig, der
aber, wenigstens für unsere klimatischen Verhältnisse, meistens
jenseits von den beim Pflanzenbau praktisch erreichten Tempe=
raturen liegt, so daß diese Einschränkung eben in der Praxis
wenig Bedeutung besitzt.

57. Aus dem Bestehen einer Pflanzenathmung, die un=
ausgesetzt in Thätigkeit ist, und in den grünen Gewächsen na=
mentlich des Nachts in den Vordergrund tritt, um gleich Pe=
nelope das bei Tag Gewirkte wieder zu lösen, lassen sich auch
im Interesse der Landwirthschaft und Technik einige Folgerungen
ziehen. Schon der Satz, daß beim Pflanzenbau wie in der
menschlichen Kultur der Stillstand einen Rückschritt bedeutet,
erscheint für die mannigfaltigsten Verhältnisse beherzigenswerth.

Die unausgesetzte Thätigkeit von Verbrennungsprocessen
in der Pflanze macht uns begreiflich, warum aus Gerste nie=
mals Malz bereitet werden kann, ohne einen ansehnlichen Stoff=
verlust, der eben aus den Verbrennungserscheinungen des jungen
Keimlings abgeleitet werden muß. Ebenso verstehen wir aus
diesem Gesichtspunkte, warum die Kartoffeln beim Auskeimen
im Frühjahr an Nährwerth verlieren, was sich mit Nichten allein
aus dem Uebergang der Stärke in die jungen Schosse erklären
läßt. Der umsichtige Wirth wird diese unvermeidlichen Verluste
nach Kräften einzuschränken suchen; denn unvermeidlich ist auch
der letztere, da Kartoffeln wie Rüben lebende Organismen sind,
in welchen sich fortwährend, wenn auch sehr unmerklich Ver=
brennungserscheinungen abwickeln. Temperaturen, welche diese
verhindern, wie null Grad und darunter, würden die Gefahr
des Erfrierens mit sich bringen, und so wäre es am besten,
solche Wurzeln und Knollen nahe an null, nur wenig darüber
zu erhalten und für möglichst geringe Temperaturschwankungen
Sorge zu tragen.

58. Und auch noch auf eine andere Seite dieser Conser=
virungsvorrichtungen von Wurzeln und Knollen werden wir hier
aufmerksam gemacht. Wo geathmet werden soll, muß auch
Athemluft vorhanden sein. Wir müssen dafür Sorge tragen,
daß der Sauerstoff in der Umgebung lagernder Wurzelfrüchte

nicht aufgebraucht wird, also z. B. in großen Rübengräbern für eine genügende Ventilation, die doch wieder nicht so stark sein darf, um im kalten Winter das Erfrieren zu befördern.

Ganz anders gestalten sich unsere Maßregeln bei lagernden Samen — Organe, welche bei ihrer Bildung beinahe völlig auszutrocknen pflegen, und in welchen sich dem entsprechend alle Lebenserscheinungen zunächst völlig einstellen. In diesem todähnlichen Zustande besteht keine Gefahr des Erfrierens noch des Erstickens, und wir haben hier nur für das Abhalten von Feuchtigkeit Sorge zu tragen, durch welche die scheintodten Gewächse zu einem unzeitigen Leben erweckt werden würden.

Noch wichtigere Folgerungen können aus dem Bestehen einer Athmung in allen Organen für den Ackerbau selber gezogen werden. Nämlich in allen Fällen muß doch Sorge getragen werden, daß auch die in den Boden tauchende Wurzel noch Sauerstoff vorfindet, um diesen wichtigen Proceß zu vollziehen. Ist aber der Boden mit Wasser durchtränkt, und werden daselbst die Spuren vorhandener Lebensluft zu andern Vorgängen, z. B. zur Verwesung sich zersetzender Stoffe, in Anspruch genommen, so ist diese Bedingung nicht erfüllt. Daher in einem Sumpf=boden nur Gewächse fortkommen, die mit ganz besondern Vor=kehrungen zu einer solchen Lebensweise ausgerüstet sind, wie z. B. die Riedgräser mit großen luftführenden Gefäßen inner=halb der Wurzeln, wodurch von Innen heraus eine Athmung ermöglicht ist. Die meisten Kulturpflanzen bedürfen aber aus diesem wie auch noch aus andern Gründen einer gut durchlüf=teten Krume.

59. Auch haben wir an das Bestehen einer Pflanzen=athmung ganz im Sinne wie die thierische zu denken, wenn von dem luftverbessernden Einflusse der Pflanzen die Rede ist, und man aus diesem Grunde empfiehlt, solche in den menschlichen

Wohnungen aufzustellen.   Schon am Tage kann unter den dürf=
tigen Lichtverhältnissen unserer mit Gardinen verschleierten Zimmer
von einer die Athmung sehr wesentlich übersteigenden Sauer=
stoffausgabe kaum die Rede sein, — daher die langsame Zu=
nahme, die unnatürliche Längsstreckung der meisten Zimmer=
pflanzen, wenn wir ihnen nicht Monate hindurch einen Aufent=
halt im Freien gönnen.   Und in der Nacht natürlich bereichern
sie die Luft an Kohlensäure, sie sind ebenbürtige Mitconcurrenten
um das Bischen gute Luft in unseren Räumen.   Wenn über=
haupt in der Pflanzenkultur in Zimmern ein günstiges Moment
für die menschliche Gesundheit liegt, so ist es eher in einer wohl=
thätigen Bereicherung der Luft an Wasserdampf zu suchen, da
die Pflanzen gerade bei trockener Luft viel Wasser durch ihre
Blätter verdunsten.

3. Abschnitt.

Die stickstoffhaltigen Bestandtheile der Pflanzen.

60. Keine Darlegung einer complicirten Erscheinung der Natur oder auch des Menschenlebens ist möglich, ohne daß man vorübergehend von einzelnen Seiten des Vorgangs absieht, die freilich deßhalb gerade so wesentlich sein können, als die zunächst ins Auge gefaßten. Diese Methode ist einfach eine nothwendige Folge der Beschränktheit des menschlichen Geistes, der eine wirkliche Bewegung nur zu verstehen vermeint, wenn er ihre Componenten für sich betrachtet und daraus die Resultante ableitet. Dieselbe ist auch niemals ein Schaden, wenn der analysirende Verstand sich dieser Voraussetzung bewußt bleibt, und nur für die er= dichtete Vereinfachung seine Folgerungen zieht.

Eines ganz ähnlichen und darum auch aus den gleichen Gesichtspunkten entschuldbaren Kunstgriffs haben wir uns in der bisherigen Darstellung bedient, indem wir dergleichen thaten, als ob Pflanzen bestehen könnten nur aus Wasser und verbrenn= licher Substanz, die letztere zusammengesetzt aus den drei Grund= stoffen: Kohlenstoff, Wasserstoff und Sauerstoff. Thatsächlich ist nun niemals eine Pflanze vorgefunden worden, die lediglich aus diesen wenigen Elementen bestanden hätte, und nicht, als ob dies eine zufällige Verunreinigung bedeuten könnte, man hat nachzuweisen vermocht, daß eine jede Pflanze bei Vorenthaltung aller anderen Nahrung zu Grunde geht.

5*

61. Zunächst wollen wir einen weitern der noch unent=
behrlichen Grundstoffe herausgreifen, nicht den wichtigsten —
denn was unentbehrlich ist, ist natürlich gleich wichtig — aber
den der Masse seines Vorkommens nach hervorragendsten, den
Stickstoff. Unter den kohlenhaltigen Stoffen, welche einer
jeden Pflanze unentbehrlich sind, finden sich nämlich in Wahr=
heit nicht blos solche, die wie das Stärkemehl, der Zellstoff, der
Zucker aus drei Grundstoffen aufgebaut sind, sondern auch
Quadrupelallianzen; und der Stickstoff, an sich eine harmlose
Luftart, aus der unsere Erdatmosphäre zu vier Fünftheilen be=
steht, ist der vierte im Bunde.

62. Die stickstoffhaltige Stoffgruppe, welche eine so allge=
meine Rolle in der Pflanze spielt wie nur immer die Stärke=
gruppe, und um derentwillen keine Pflanze dieses Grundstoffes
entrathen kann, umfaßt die Eiweißkörper — so genannt, weil der
gelöste Bestandtheil des Eierweißes als Muster für die ganze
Gruppe gelten kann. Insbesondere finden wir solche eiweißartige
Stoffe in einer jeden Pflanzenzelle, von welcher irgend welche
erheblichen Lebenserscheinungen ausgehen, also namentlich wenn
sie wächst und durch Einschiebung von neuen Querwänden
sich theilt.

Noch verbreiteter und mit vielseitigeren Verrichtungen be=
traut sind die Eiweißstoffe im Thierreich, wo selbst die Zell=
wandungen aus ihnen gebildet werden, so daß ganze große
Organe wie z. B. das Muskelfleisch beinahe ausschließlich aus
diesen Stoffen bestehen. Aber die Thiere, unfähig selbst Ei=
weißkörper zu erzeugen, beziehen dieselben aus dem Pflanzen=
reiche und bewirken nur durch Ansammlung derselben eine ver=
hältnißmäßige Bereicherung in ihrem eigenen Leibe.

63. Die Eiweißstoffe der Pflanze werden ebenso wie die
unentbehrlichen stickstofffreien Stoffgruppen in Vorrathskammern

auf Lager gelegt, um auch einer kommenden Entwickelung zur
unentbehrlichen Nahrung zu dienen. Der Kleber und der
Pflanzenleim unserer Getreidesamen sind solche auf Lager ge=
legte Eiweißstoffe, welche sich neben dem stickstofffreien Stärke=
mehl in dem Gewebe vorfinden. In procentisch noch größeren
Mengen treten die Eiweißstoffe in den Samen der Hülsenfrüchte
auf, daher Erbsen, Bohnen und Linsen sich ihrer Zusammen=
setzung nach schon erheblich den animalischen Nahrungsmitteln
nähern. Mehr zurücktretend sind die Eiweißstoffe in den Vor=
rathskammern der mehrjährigen Gewächse, im Holze und in den
unterirdischen Organen, woselbst die stickstofffreien Bestandtheile
durchgängig das Uebergewicht behalten.

64. Es frägt sich, auf welche Weise werden diese wichtigen
Eiweißstoffe in der Pflanze erzeugt? —

Der zuerst beschriebene Vorgang der Bildung von verbrenn=
lichen Stoffen in den grünen Pflanzentheilen kann unmöglich
auch die neue Stoffklasse umfassen; denn jener kennt als Roh=
material nur Kohlensäure und Wasser, also kein stickstoffhaltiges
Material. Es frägt sich also zunächst: In welcher Form tritt
der neue Grundstoff, welcher den Eiweißstoffen eigenthümlich ist,
in die organische Substanz ein? —

Die Methode, eine solche Frage versuchsweise zu erörtern,
ist ohne Weiteres vorgezeichnet. Man stellt einer Pflanze, deren
Gehalt an Eiweißstoffen man genau kennt, nur Stickstoff in
Form eines einzigen chemischen Körpers, oder, wie wir uns
kürzer ausdrücken, in einer einzigen chemischen Form zur Ver=
fügung und sucht zu entscheiden, ob unter diesen Umständen eine
Vermehrung jener Eiweißstoffe eintritt. Läßt sich dies feststellen,
so ist die Frage bejahend entschieden. — Aber, wie den Eiweiß=
gehalt eines Gewächses zu Beginn eines derartigen Versuchs
bestimmen, wo ich dasselbe keiner chemischen Behandlung unter=

werfen darf? — Es geschieht dies durch chemische Zerlegung gleichartiger Pflanzen, aus deren durchschnittlichem Gehalt an irgend welchen Stoffen ich einen Rückschluß machen darf auf den Gehalt einer weiteren fortwachsenden Pflanze. Um den immer noch möglichen Fehler dieser Beurtheilung in thunlichst enge Grenzen einzuschließen, geht man am zweckmäßigsten von den Samen aus, die ja äußerst gleichmäßig gebildet sind, und wo ich nach der Untersuchung eines Dutzend genau sagen kann: in dem ausgelegten Samen war höchstens z. B. ein Zehntel Gramm Eiweiß vorhanden.

Sodann zur Methode der Kultur selber. — Unsere gewöhnlichen Landpflanzen sind mittelst ihrer untern Organe, der Wurzel, mit einer wässrigen Bodenflüssigkeit in Berührung; mit ihren Laubblättern und Stengeltheilen ragen sie in die gasförmige Atmosphäre. Eine Stoffaufnahme ist daher auf zweierlei Weise möglich: entweder aus dem tropfbar flüssigen Medium der Bodenfeuchtigkeit oder aus der Luft. Beide Quellen der Ernährung müssen bei einem genauen Versuche controlirt werden.

Die Bodenfeuchtigkeit einer gewöhnlichen Ackererde enthält nun ausnahmslos stickstoffhaltige Bestandtheile verschiedener Art. Ebenso enthält die gewöhnliche atmosphärische Luft neben den enormen Mengen unverbundenen Stickstoffs kleine Beimengungen von Stickstoffverbindungen. In Folge des ersteren Umstands muß bei einem scharf kontrolirbaren Ernährungsversuche die natürliche Acker- oder Gartenerde durch ein künstliches stickstofffreies Gemisch ersetzt werden, dem man nach Belieben einzelne auf ihre Nährfähigkeit zu prüfende Stickstoffverbindungen zusetzt. Um den andern Umstand zu berücksichtigen, muß die gewöhnliche Luft von den darin enthaltenen Spuren von Stickstoffverbindungen gereinigt werden.

Es genügt, eine Ackererde scharf auszuglühen, um sie

ihres Stickstoffgehalts zu berauben, da die daselbst vorkommenden
Verbindungen dieses Elementes entweder verbrennlich oder sonst
in der Hitze flüchtig sind. An der Stelle von ausgeglühter
Erde bedient man sich auch reinen Quarzsandes oder reiner mine-
ralischer und stickstofffreier Gemische. Ja in neuerer Zeit ist es
selbst gelungen, die meisten Pflanzen in wässrigen Lösungen,
denen man natürlich Beliebiges einverleiben und vorenthalten
kann, normal und sogar üppig zu erziehen, die Landpflanzen also
gleichsam zu Wasserpflanzen zu machen.

Um die Luft in der Umgebung der Pflanze von den un-
willkommenen Beimengungen zu reinigen, muß diese in einem
abgeschlossenen Raume, und, um das Licht nicht gleichzeitig
mit abzuschließen, unter Glasglocken kultivirt werden. Neu hin-
zutretende Luft muß dann durch ein Waschverfahren von jenen
Beimischungen befreit werden. Auf eine solche Weise kann zunächst die Frage entschieden werden, ob der freie atmosphärische
Stickstoff für die Pflanze zum Aufbau der Eiweißstoffe ver-
werthbar sei.

Die Beantwortung dieser Frage hat sehr lange Zeit in Anspruch genommen, wobei zum Theil der Umstand eine Ver-
zögerung veranlaßte, daß man sich von Anfang der Verunreinigung der atmosphärischen Luft und des zum Begießen
der Pflanzen benutzten Wassers durch Stickstoffverbindungen
nicht hinreichend bewußt war. Schließlich gelangte man aber
dahin, wenn man diese Pflanze in einem rein mineralischen
Nährboden kultivirte, und ebenso für Reinheit der umgebenden
Luft Sorge trug, keinen Stickstoffzuwachs in den schließlich ge-
ernteten Pflanzen nachweisen zu können, und dem entsprechend
natürlich auch das Gesammtwachsthum äußerst beschränkt zu
sehen, da die Zunahme der für die Vegetation so wichtigen Eiweißstoffe abgeschnitten war. Der Schluß aus diesem vielfach

bestätigten Versuchsresultat heißt natürlich, der freie Stickstoff dient nicht zur Pflanzenernährung.

65. Dieses Resultat hat an sich nichts Wunderbares. Auch nicht der freie Kohlenstoff, z. B. gewöhnliche Holzkohle, und eben= sowenig der freie Wasserstoff sind verwerthbare Pflanzennahrung, sondern dieselben müssen in Verbindungen, und zwar ganz be= stimmten Verbindungen, als Kohlensäure und Wasser, geboten sein, um die Pflanze mit diesen Grundstoffen zu versorgen. Nur von dem Standpunkte einer engherzigen Zweckmäßigkeitslehre erschien das Ergebniß befremdlich; denn zu was sollten die großen Massen von Stickstoff in der Luft dienen, wenn sie für das organische Leben unverwerthbar waren?

66. Zu der verneinenden Beantwortung mußte jetzt aber auch eine bejahende gesucht werden, und man sieht leicht, wie die nämliche Methode hierfür den Ausgangspunkt bietet. Man brauchte nur den Versuch in ganz gleicher Weise zu wieder= holen, und dabei den Boden oder die diesen ersetzenden wässrige Flüssigkeit mit ganz bestimmten Stickstoffverbindungen zu ver= setzen, und dann ebenso wie früher auf einen Zuwachs an Ei= weißstoffen und auf eine mehr oder minder üppige Entwickelung der Versuchspflanze zu achten, um die Frage für eine Stickstoff= verbindung nach der andern der Erledigung entgegenzuführen.

Für zwei stickstoffhaltige Stoffe waren diese Versuche ganz allgemein von einem positiven Ergebnisse gefolgt, für Ammoniak und Salpetersäure, oder genauer für deren salzartige Ver= bindungen. Davon haben sich die salpetersauren Salze, also z. B. der gewöhnliche Kalisalpeter, der vorwiegende Bestandtheil unseres Schießpulvers, als die bestwirkenden stickstoffhaltigen Nahrungs= mittel der höheren Pflanze erwiesen. Die Salpetersäure ist nun eine Verbindung des Stickstoffs mit Sauerstoff und zwar unter den verschiedenen Sauerstoffverbindungen des Stickstoffs die sauer=

stoffreichste. Das verdient bemerkt zu werden; denn auch die andern Pflanzennährstoffe, Kohlensäure und Wasser sind sehr sauerstoffreich, ja mit einer unwesentlichen Einschränkung die sauerstoffreichsten Verbindungen ihrer Grundstoffe, so daß sich eine allgemeinere Regel für die Beschaffenheit der Pflanzennahrung ergiebt, für welche wir später auch noch weitere Bestätigungen vorfinden werden.

Eine Ausnahme von dieser Regel bildet allerdings die Ernährungsfähigkeit der Gewächse durch Ammoniak, einer Verbindung des Stickstoffs mit dem Wasserstoff, für welche gleichviel mit vollkommener Sicherheit, wenn auch mit minder großer Eleganz der gleiche Beweis erbracht ist. Jedermann hat eine zutreffende Vorstellung von den Eigenschaften dieses Körpers aus der Bekanntschaft mit dem Hirschhornsalz oder Riechsalz, oder auch durch den unangenehm stechenden Geruch selten gereinigter Aborte. Die ätzenden Wirkungen dieses Stoffes, welche auch den Pflanzen verderbenbringend sein würden, verschwinden bei großer Verdünnung oder durch Zumischung von Säuren, und natürlich kann nur unter Beachtung dieser Umstände von einer wohlthätigen Wirkung auf die Vegetation die Rede sein.

67. Ammoniak und salpetersaure Salze sind nun in freilich sehr geringer Menge regelmäßige Bestandtheile unserer Atmosphäre, sowie der aus dieser niederfallenden Niederschläge, so daß sich auf diese Weise erklärt, wie Pflanzen, im Quarzsande oder ausgeglühten Boden kultivirt, dennoch ganz kleine Zuwächse an Eiweißstoffen aufweisen können, so lange man nicht für Reinigung von Luft und Wasser Sorge trägt. Es handelt sich hier freilich nur um Milliontel und noch geringere Bruchtheile, und dem entsprechend ist der unter solchen Umständen mögliche Erwerb an Eiweiß sehr geringfügig. Von dem Er-

ziehen von normalen Pflanzen kann bei dieser Hungerkost entfernt nicht die Rede sein.

Dies ist, wie man sieht, der praktische Gesichtspunkt von
der Sache. Die atmosphärischen Quellen für die Stickstoffnahrung
der Gewächse sind zwar an allen Orten unläugbar vorhanden,
und überall ist für sie die Gelegenheit da, sowohl das in der
Luft vorkommende flüchtige Ammoniak durch die oberirdischen
Stengel- und Lauborgane in ihr Inneres überzuführen und für
ihre Zwecke zu verarbeiten, als auch andererseits, die mit dem
Regenwasser herabgewaschenen Ammoniak- und Salpetersäure-
verbindungen, mit Hülfe der Wurzeln zu assimiliren. — Allein
diese Quelle fließt so spärlich, daß unter allen Umständen noch
ein viel größerer Vorrath an passenden Stickstoffverbindungen
in dem Nährboden vorhanden sein muß, damit die Pflanzen
irgend eine erhebliche oder gar landwirthschaftlich lohnende Entwickelung zeigen. In dem vom Menschen unberührten Natur-
zustande, z. B. in einem Urwalde ist dieses Verhältniß dadurch
geboten, daß dort immer eine Pflanzengeneration auf den Resten
einer früheren zu Grunde gegangenen erwächst. Diese verfällt
mit den durch Jahre und Jahrzehnte in ihr aufgespeicherten
Eiweißstoffen der Verwesung, und die vorzüglichsten Verwesungs-
produkte stickstoffhaltiger organischer Substanzen sind eben neben
Wasser und Kohlensäure: Ammoniak und Salpetersäure. Es ist
also leicht verständlich, wie bei dem natürlichen Lauf der Dinge
mit der Vollendung eines geschlossenen Kreislaufes immer wieder
die Bedingungen zu einer üppigsten Vegetationsentfaltung gegeben sind.

68. Anders verhält es sich, wenn der Mensch mit will-
kürlicher Hand in diese natürliche Ordnung der Dinge eingreift
und regelmäßig Ernte auf Ernte entnimmt. Er versetzt die
Pflanze dadurch in den ungünstigen Zustand einer Neubesiedelung

eines vormals rein mineralischen Terrains, z. B. eines ver=
witterten Lavastroms, wo auch nicht gleich eine üppige Vegetation
gedeiht, sondern wo anfangs die Pioniere des Pflanzenreichs, die
Flechten ein kümmerliches Dasein fristen, bis endlich durch Häufung
von Pflanzenresten auf Pflanzenresten eine Art Ackerkrume, bewohn=
bar auch für anspruchsvollere Gewächse Entstehung nimmt.

Der Willkür einer Aberntung des auf einer Fläche Pro=
ducirten muß deßhalb mit selteren Ausnahmen ein anderer will=
kürlicher Akt folgen, welcher zunächst in einer ebenso regelmäßigen
Wiedererstattung des Stickstoffs bestehen wird, soll das Verfahren
anders ein eines vernunftbegabten Wesens würdiges sein und
nicht auf einen bloßen Raub hinauslaufen. Wir stoßen hier
also zum ersten Mal in unsern Betrachtungen auf die wirth=
schaftliche Maßregel der Düngung als einer nothwendigen Folge
der regelmäßigen Entnahme einer Ernte, soweit es sich wenig=
stens um eine sehr langdauernde und rationelle Pflanzenkultur
auf derselben Bodenfläche handelt. Freilich sind damit noch
nicht alle Gründe für die gleiche Maßregel aufgezählt.

69. An die Frage nach der Form der Aufnahme des
Stickstoffs in die Pflanze knüpft sich die andere an: nach der
Verarbeitung des Ammoniaks und der Salpetersäure zu
Eiweißstoffen. Wo geschieht dies und wie geschieht dies? d. h.
welche Gewebetheile haben die Befähigung, aus gegebenen
Stickstoffverbindungen und gegebener stickstofffreier organischer
Substanz die Eiweißstoffe zu erzeugen, und welche Vorgänge
müssen dabei stattfinden? —

Auf diese Frage können wir nur theilweise eine ganz be=
stimmte Antwort ertheilen. Mit aller Bestimmtheit wissen wir
zwar, daß es nicht der grünen Zelle bedarf, um mit Hülfe des
stickstoffhaltigen Rohmaterials die Eiweißstoffe zu bilden. Deren
Erzeugung stellt daher keine Neubildung von verbrennlichen

Stoffen dar; sondern es handelt sich offenbar um eine Um=
wandlung vordem erzeugter stickstofffreier organischer Stoffe,
vielleicht des Zuckers unter Zutritt der Elemente der Salpetersäure
oder des Ammoniaks, zu Eiweißverbindungen.

Am Klarsten ist dieser Sachverhalt geworden bei der
Ernährung einiger Pilze, z. B. der allgemein bekannten
Schimmelbildungen oder auch der Bierhefe, denen die grünen
Organe fehlen und welche ganz im Dunkeln ihren Lebenslauf
zu vollenden vermögen. Für diese genügte es, lediglich einen
einzigen stickstofffreien organischen Stoff, in der Regel Zucker,
zu verabreichen, den Stickstoff aber in der Form von Ammoniak
oder auch von Salpetersäure. Da diese niedrigen Bildungen aber
gleichwohl Eiweißstoffe in sich enthalten, und bei üppiger Ernäh=
rung diese auch in sich vermehren, so ist mit dieser Thatsache
natürlich der Nachweis erbracht, daß auch in nicht=grünen Zellen,
welche auf Kosten von bereits vorgebildeter organischer Substanz
ihr Leben fristen, die Eiweißstoffe aufgebaut werden können,
und zwar aus Zucker und Ammoniak oder Salpetersäure.

Uebertragen wir diesen Schluß auf die höheren grünen Ge=
wächse, so haben wir zunächst keinen Grund, den nicht grünen
Gewebetheilen daselbst eine gleiche Befähigung abzusprechen.
Allein auch für die grünen Theile dürfen wir uns nicht able=
nend verhalten, da nachweislich auch einzellige grüne Algen
ausschließlich von unorganischem Nährmaterial zehren, folglich
auch eiweißerzeugend sind. — Kurz eine positive Bestimmung
des Sitzes der Eiweißerzeugung geht aus diesen Thatsachen
nicht hervor, und wir wollen eine solche hier auch nicht auf
Grund von andern Anhaltspunkten versuchen. Da die stickstoff=
haltigen Nährstoffe von der höhern Pflanze naturgemäß durch
die Wurzel aufgenommen werden, so liegt es nahe, auch die
Eiweißerzeugung schon in die Wurzel zu verlegen, um so der

Pflanze einen unnöthigen Stofftransport zu ersparen. Aber
auch wenn man die Pflanze künstlich durch ihre Lauborgane
mit Ammoniak versorgt, so scheint der Verarbeitung dieses
stickstoffhaltigen Rohmaterials zu Eiweiß Nichts im Wege zu
stehen.

70. Was nun die andere Frage nach dem „wie" der Verar=
beitung angeht, so muß auf die relative Zusammensetzung der
Eiweißstoffe aus Kohlenstoff, Wasserstoff, Stickstoff und Sauer=
stoff hingedeutet werden. Daß an Stickstoff nahe 17 % in den
verschiedenen eiweißartigen Substanzen vorhanden ist, thut
hier weniger zur Sache, wohl aber das Verhältniß der drei
übrigen Grundstoffe zu einander. In Bezug auf diese genügt
zu bemerken, daß das Eiweiß, stickstofffrei gedacht, zwischen die
Stärkegruppe und die Fette zu stehen käme, d. h. daß es sauer=
stoffärmer als die erstere, sauerstoffreicher als die letzteren ist.
Lassen wir es also aus dem Zucker unter Hinzutritt von der
entsprechenden Menge Salpetersäure entstehen, so muß eine
Entfernung von Sauerstoff bewirkt werden, und da es sich um
einen Vorgang ohne Mitwirkung einer äußeren Kraftquelle wie
des Lichtes handelt, so fällt der Vorgang unter dieselbe Kate=
gorie, wie die Bildung von Fetten aus Kohlenhydraten; d. h. es
wird sich aller Wahrscheinlichkeit nach um eine Abspaltung von
Kohlensäure handeln. Ich mache diese Folgerung ausdrücklich
namhaft, weil dieselbe jüngst ganz unerwartet eine experimentelle
Bestätigung erfahren hat. Tränkt man nämlich Erbsenkeimlinge
mit Salpeterlösung, so kann man gleichzeitig mit der Verar=
beitung der Salpetersäure eine ungewöhnlich gesteigerte Kohlen=
säureausscheidung wahrnehmen.

71. Die dargelegten Gesetzmäßigkeiten befähigen uns nun
nicht blos zu den schon gemachten kurzen aber inhaltsschweren
Folgerungen für die landwirthschaftliche Praxis, sondern wir

sind auf sie hin auch in der Lage, der Gesammtvegetation der Erde gewisse Grenzen vorzuzeichnen, wenigstens wenn wir noch einige außerhalb der belebten Welt sich vollziehenden Vorgänge mit zu Rathe ziehen. Wenn der unverbundene Stickstoff außer Beziehung zur Pflanzenwelt und damit zu der von dieser versorgten gesammten Organismenwelt steht, so ist als in den organischen Reichen verwerthbarer Stickstoff nur die verhältnißmäßig geringe Menge zu rechnen, welche ein für alle Mal in gebundener Form in Pflanzen- und Thierleibern, im Humus und im Dunstkreis vorhanden ist. Zwischen diesen besteht ein ewig unveränderlicher Kreislauf, indem der Stickstoff bald durch die Pflanze organisirt wird, bald durch Verbrennung und Verwesung der Organismenreste in das Mineralreich zurückkehrt. Der Sachverhalt ist offenbar ganz anders wie beim Kohlenstoff oder Wasserstoff; denn diese kommen entweder als freies Element in der Natur gar nicht vor, oder aber, sie unterliegen wie die Steinkohlen einem natürlich verlaufenden und künstlich nur gesteigerten Verbrennungsprocesse, wodurch die Sauerstoffverbindung, welche zugleich auch Pflanzennährstoff ist, doch wieder zum Vorschein kommt. Der Hauptunterschied liegt in der äußerst geringen Neigung des Stickstoffs, einmal frei geworden, wieder in Verbindung einzugehen. Man könnte ihn den Hagestolz unter den Elementen nennen.

72. Trotzdem ist die Sache nicht ganz so, wie sie auf den ersten Blick erscheint. Es gibt allerdings einige regelmäßig, wenn auch nicht in großer Ausdehnung stattfindende Vorgänge in der Natur, die diesen Widerstand zu brechen wissen. Der außerordentliche Hitzegrad, auf welchen einzelne Theile der die Erde umgebenden Luftschicht unter der Wirkung des Blitzstrahls gebracht werden, vermag Sauerstoff und Stickstoff, die beiden Luftarten, welche sonst unbehelligt neben einander existiren, zu-

sammenzuschmieden, und es entstehen dadurch wegen der Selten=
heit des Phänomens äußerst geringe Spuren von Salpetersäure.
Bei andern alltäglich verlaufenden Naturvorgängen dient der
Wasserdampf als Mittel, den freien Stickstoff zum Eingehen von
Verbindungen zu bewegen.   Bei Verdunstungs= und auch bei
Verbrennungserscheinungen scheint regelmäßig etwas Stickstoff
mit Wasser zusammenzutreten und daraus eine Doppelverbin=
dung von Salpetersäure mit Ammoniak (strenger zunächst: sal=
petrigsaures Ammoniak) zu entstehen, indem das Wasser sich
gleichsam in seine Elemente spaltet und den Wasserstoff sowohl
wie den Sauerstoff mit Stickstoff in Bindung bringt.

Durch derartige Vorgänge gelangt die Hauptmenge von
gebundenem Stickstoff in die Atmosphäre, während auch noch
von der Erdoberfläche abdunstendes Ammoniak sich jenen beimengt.
Es erscheint also hiernach, als ob die Menge von gebundenem
Stickstoff in der Natur in stetiger Zunahme sich befinden müßte,
und als ob der Pflanzenwelt und der gesammten Organismen=
welt von dieser Seite her immer günstigere Aussichten auf eine
breite Basis ihrer Existenz erblühen müßten.

73. Allein der Neubildung von gebundenem Stickstoff
stehen auch Quellen der Zerstörung gegenüber.   Es gibt auch
Vorgänge in der Natur, durch welche der gebundene Stickstoff,
so gerne er in der einmal gegebenen Form verharrt, wieder
seiner Fesseln ledig wird.   Als solche sind zu nennen die beiden
ähnlichen Vorgänge: Verwesung und Verbrennung.   Fallen
stickstoffhaltige organische Stoffe der Verwesung anheim, so tritt
zwar in der Regel die größere Masse ihres Stickstoffs in Form
von den Pflanzennährstoffen, Ammoniak und Salpetersäure, aus,
allein ein Rest entweicht als freies Element; und vollends bei
der energischen Verbrennung bei höherer Temperatur und mit Licht=
entwickelung nimmt dieser Verlust ganz erhebliche Dimensionen an.

74. Um nun die Bilanz für den gebundenen Stickstoff zu
ziehen, woraus ein prophetischer Blick auf den künftigen Haushalt der Organismenwelt möglich wäre, müßten wir die Buch-
führung mit benannten Zahlen durchführen. Dies aber ist auch
schätzungsweise schlechthin unmöglich, und nur die beschränkteste
Anmaßung könnte sich eines solchen Unternehmens erdreisten. —
Aber etwas ist in dieser Richtung doch auszusagen möglich. Die
Vorgänge erster Kategorie, das „Soll" des Contos für gebundenen Stickstoff sind, mit Ausnahme vielleicht der Verdunstung,
unabhängig von der Organismenwelt, die andern Vorgänge,
welche als „Haben" zu buchen wären, sind durchaus von der
Ausdehnung dieser bestimmt und begrenzt. Denn verwesen und
verbrennen können in der Natur nur Dinge, die von Organismen
stammen und Organisches darstellen. Hieraus ergiebt sich folgendes
interessante Abhängigkeitsverhältniß. Die Menge von gebundenem
Stickstoff bestimmt die Ausdehnung der Organismenwelt, da unter
den verschiedenen Nährstoffen der Pflanze der Stickstoff leicht un-
zureichend sich vorfindet. Durch Ausdehnung der Organismenwelt
wird aber natürlich dann die Zerstörung des gebundenen Stickstoffs
begünstigt, so daß dann umgekehrt wieder ein Moment gegeben
wird zur Einschränkung. Kurz die Natur scheint sich dieser Einrichtung als einer Art Sicherheitsventils gegen ein zu großes Ueber-
handnehmen der belebten Welt zu bedienen, oder umgekehrt der
Organismenwelt als eines Regulators für das zu rasche Anwachsen
des gebundenen Stickstoffs. — Weßhalb? Darnach haben wir
allerdings nicht zu fragen.

75. Wohl aber haben wir darnach zu fragen, welche Mittel
der Mensch in der Hand hat, um in diese natürliche Ordnung
der Dinge, die für seine Zwecke keineswegs die angenehmste ist,
in seinem Sinne einzugreifen. Kann er die Quellen des Zu-
wachses an gebundenem Stickstoff stärker fließen machen und die

seiner Verminderung verstopfen, und sind derartige Maßregeln wirthschaftlich ausführbar?

Natürlich sind in der Chemie Mittel genug bekannt, um den freien Stickstoff in Verbindung überzuführen. Wir haben ja z. B. die Macht, elektrische Funken, das sind ja Blitzstrahle im Kleinen, nach Belieben hervorzubringen, und den Einfluß dieser energischen Vorgänge auf die Bindung von freiem Stick= stoff und Sauerstoff haben wir ja bereits kennen gelernt. Allein nicht die theoretische Möglichkeit interessirt uns hier, sondern die Ausführbarkeit im Großen, und da müssen wir denn leider aus= sprechen, daß so vielerlei Vorgänge wir kennen, durch welche solche Uebergänge bewerkstelligt werden können, doch keiner mit so geringen Hülfsmitteln und mit so reichlicher Ausbeute gelingt, daß dadurch Stickstoffnahrung für die Zwecke des Pflanzenbaus gewonnen werden könnte.

76. Etwas mächtiger stehen wir dem andern Vorgang gegenüber, durch welchen uns fortwährend Verluste an dem ein= mal vorhandenen Stickstoffkapitale drohen. Diese negative Ein= wirkung ist mit viel geringern Hülfsmitteln möglich. Wie es bei der Verbrennung stickstoffhaltiger Stoffe sehr wesentlich dar= auf ankommt, in Berührung mit welchen andern Körpern der Vorgang sich abwickelt, so gilt ein Gleiches auch für die Ver= wesung. Sind alkalische Substanzen zugegen, wie Soda, Pot= asche, gebrannter Kalk, so wird bei der Verbrennung der Ei= weißstoffe aller Stickstoff in der Form von Ammoniak entwickelt, bei der Verwesung wenigstens die Entbindung von freiem Stick= stoff sehr wesentlich eingeschränkt. Eine ähnliche Einwirkung ist auch für den Gyps bei der Verwesung nachgewiesen, und auch die gewöhnliche Ackererde thut bis zu einem gewissen Grade die nämlichen Dienste. Also das auch aus manchen andern Gründen sich empfehlende Kompostiren, zeitiges Unterbringen der

als Dünger dienenden pflanzlichen und thierischen Reste unter
die Ackerkrume wirkt in dieser Richtung. Dann ist ja auf der
Hand liegend, daß wir Verbrennungsvorgänge möglichst auf
stickstofffreie organische Stoffe einschränken können.

Also hier ist einstweilen schon eine sehr mannigfaltige Be=
thätigung zur Konservirung der irdischen Vorräthe an organi=
sationsfähigem Stickstoffmaterial ermöglicht, und die Zukunft stellt
für eine weitergehende Intensivirung des Ackerbaus auch positive
Einwirkungen in Aussicht; denn der schon hoch gestiegene Preis
für Ammoniak und Salpeter braucht nur noch wenig mehr in
die Höhe zu gehen, um die Chemiker anzureizen, ein wirklich
praktikables Verfahren zu entdecken, mit Hülfe von welchem es
gelingen wird, die großen Massen ungenützten atmosphärischen
Stickstoffs im Interesse der menschlichen Kulturzwecke auszu=
nützen.

4. Abschnitt.

Die unverbrennlichen Bestandtheile der Pflanzen.

77. Auch durch die Zuziehung des Stickstoffs in den Kreis unserer Betrachtungen sind die Grundstoffe, welche sich wesentlich an dem Aufbau des Pflanzenleibes betheiligen, noch keineswegs erschöpft.

Auf die bequemste Weise erhält man Kenntniß von dem Bedarf der Pflanze an noch anderen Bestandtheilen, wenn man ein beliebiges Gewächs oder auch nur irgend einen Theil eines solchen verbrennt; und dies ist auch historisch der Weg zu dieser Kenntniß gewesen. Die Thatsache, daß bei diesem Processe, durch welchen ja die gesammte verbrennliche Masse zerstört und in sich verflüchtigende Stoffe aufgelöst wird, immer etwas Unverbrennliches oder, wie wir es nennen, Asche zurückbleibt, ist zwar zunächst nur ein Fingerzeig für den wirklichen Bedarf. Bewiesen kann derselbe auf diese Weise nicht werden, da auch nachweislich entbehrliche, ja ganz unnütze Bestandtheile, wie z. B. Ruß in den Lungen der Einwohner Londons, sich in den lebenden Wesen jeder Art gelegentlich anzusammeln pflegen.

78. Der Beweis der Unentbehrlichkeit von solchen Aschenbestandtheilen muß vielmehr auf die mühsame aber dann auch tadellos exakte Weise angetreten werden, daß man Pflanzen von irgend einem genau gekannten Stand ihrer Zusammensetzung

an fortkultivirt, und die fragliche Nahrung ihnen vorenthält. Wachs=
thum und Gedeihen, und noch schärfer die genaue chemische Unter=
suchung entscheidet dann später über Nutzen oder Schaden, über
Nothwendigkeit oder volle Entbehrlichkeit. Der Beweis, daß die
Pflanze des Kohlenstoffs oder des Stickstoffs unter ihren unent=
behrlichen Bausteinen bedarf, liegt darin, das ohne Kohlensäure,
ohne Salpetersäure keine weitere Vermehrung ihres Gewichtes
möglich ist, während das regelmäßige Vorkommen von Zellstoff
oder Eiweiß nur diese Beantwortung im höchsten Maße wahr=
scheinlich machte. — Bei den Aschebestandtheilen handelt es sich
nun um eine sehr viel unregelmäßigere Verbreitung in der or=
ganifirten Welt; um so nothwendiger ist diese kritischere Frage=
stellung.

Aber es sind doch mehrere Anhaltspunkte vorhanden, welche
uns den spätern Entscheid vorhersehen lassen. Nämlich die Ei=
weißstoffe, von deren unveräußerlichen Rolle in der Pflanze wir
schon eine zutreffende Vorstellung bekommen haben, enthalten
schon an sich einen oder zwei Grundstoffe, welche unter gewöh=
lichen Umständen bei der Einäscherung nicht mit verflüchtigt
werden, sondern in der weiß gebrannten Asche erhalten bleiben.
Die Eiweißstoffe sind also nur der Hauptmasse nach, wie wir
bisher schlechthin annahmen, aus den vier behandelten Grund=
stoffen zusammengesetzt. In sehr kleinen Mengen betheiligt sich
noch ein fünftes Element, der allbekannte Schwefel, und in
einigen Fällen auch noch der Phosphor an ihrem Aufbau.
Also, war unser früherer Schluß auf die Unentbehrlichkeit der
gerade so zusammengesetzten Eiweißstoffe richtig, so folgt daraus
schon ohne Weiteres die Nothwendigkeit dieser beiden elementa=
ren Bestandtheile.

79. Das Gleiche haben nun auch alle in dieser Richtung
unternommenen Kulturversuche ergeben; und seit man ernstlich

an die Ausführung derartiger Versuche gegangen ist, war auch
niemals mehr ein Streit über die Bedeutung dieser nichtflüchti-
gen Bestandtheile. Der weltberühmt gewordene Kampf um
die Bedeutung der Aschenbestandtheile für Pflanzenernährung
und Ackerbau tobte nur so lange, als man dieser entscheidenden
Beweismittel entbehrte. Man muß ferner, um die Möglichkeit
einer solchen Meinungsverschiedenheit in einer so einfachen Frage
zu begreifen, sich erinnern, wie sehr bis zur Mitte dieses Jahr-
hunderts die einzelnen betheiligten Wissenschaften einen von einander unberührten und unbefruchteten Entwickelungsgang genommen hatten. Die Chemie hatte durch sehr eifrige aber auch
sehr einseitige Specialforschungen plötzlich erstaunliche Fortschritte
gemacht. Aber die ersten jedem Anfänger geläufigen Grundsätze derselben, z. B. von der Unverwandelbarkeit der Elemente,
wurden von den physiologischen Wissenschaften, welche nur im
Interesse der Medicin kultivirt wurden, kaum berücksichtigt.
Das ganze Gebiet der Pflanzenphysiologie lag, da es einstweilen
keinem praktischen Zwecke dienstbar gemacht werden konnte, durch
Jahrzehnte unbebaut da. Nun vollends die sogenannte Land-
wirthschaftswissenschaft bestand in rohen Receptsammlungen, sie
war im schlechten Sinne des Worts eine Erfahrungswissenschaft
und hatte noch keinen Einfluß verspürt von dem modernen Auf-
schwung der Naturforschung.

Nur so ist es verständlich, daß man sich weder in der Phy-
siologie noch in der Landwirthschaftslehre darüber klar war, daß
auch die Organismen nicht im Stande sein konnten, Grundstoffe
in einander zu verwandeln oder gar neu zu erzeugen; und diese
Frage mußte zuvor erledigt sein, wollte man überhaupt von
Entbehrlichkeit oder Nothwendigkeit dieser Stoffe reden. So
ist auch das unläugbare und von der großen Masse völlig nach
Gebühr gewürdigte Verdienst von J. v. Liebig um die Pflanzen-

ernährungslehre dahin zuſammenzufaſſen, daß er die Folgerungen
aus in der Chemie längſt anerkannten Grundſätzen von allen
Zeitgenoſſen am unerſchrockenſten für Phyſiologie und Lanwirth-
ſchaft gezogen hat, daß er die reformatoriſche That einer Ueber-
brückung der tiefen Kluft zwiſchen innerlich verwandten aber
leider in bedauernswerther Unbekümmertheit um einander ver-
harrenden Disciplinen allem Widerſpruch der zünftigen Fachge-
lehrſamkeit zum Trotz gewagt hat. Wir haben es in dieſem
Auftreten wie in allen reformatoriſchen Ereigniſſen vor Allem
mit der Aeußerung eines ungewöhnlichen Charakters zu thun.

80. Hieraus erklärt ſich dann die ſo ganz verſchiedene Beurtheilung des jüngſt verewigten großen Chemikers in Bezug
auf ſeine Wirkſamkeit als Agrikulturchemiker. Die Einen, die
mehr ſachverſtändigen und kritiſchen Naturen, hatten ihr Auge
ausſchließlich auf den Inhalt der als neu ſich geberdenden Theorie
gerichtet und fanden bei der Prüfung, was unläugbar richtig
iſt, daß die Ernährungslehre weder ſo ganz neu war, und daß ſie
in den allermeiſten Einzelfragen aus Mangel an gediegener
Sachkenntniß bedeutende Entſtellungen enthielt. Ja die ſo
kühn ausgeſprochenen Sätze waren gar nicht einmal auf exakte
experimentelle Ergebniſſe gegründet.

Die Andern, dieſe zumeiſt ohne genügende Kenntniß der
landwirthſchaftlichen Dinge, alſo z. B. die Fachgenoſſen Liebigs,
wurden gerade durch die geiſtreiche Kühnheit der erſten Schrift
überwältigt und vergaßen nun zu fragen, ob denn das „Was“
und „Warum“ in allen Stücken dem „Wie“ entſpräche. Sie
wurden zu einem in wiſſenſchaftlichen Dingen ſo gefährlichen
Enthuſiasmus hingeriſſen, und folgten nun ihrem Autor durch
Dick und Dünn bis in die Sackgaſſen und bis auf die Holzwege.

81. Wenn nun in Folge dieſer ungeklärten Parteiſtellung
auch theilweiſe die friedliche Reformation in eine wilde Revolu-

tion mit aller der dieser eigenen Ueberstürzung und sogar ein wenig Schreckensherrschaft umschlug, so wird doch dadurch nicht der Fortschritt, der erlangt wurde, aufgehoben; und das Resultat des Kampfes ist: eine stolze und selbstbewußte Agrikulturwissenschaft, die auf der Höhe der modernen naturwissenschaftlichen Forschung steht und das Gegentheil ist von einer kastenartig sich abschließenden Fachgelehrsamkeit.

Von Liebig selber war die Frage nach der Nothwendigkeit der Aschenbestandtheile für die Pflanzen zwar mit der größten Zuversicht und mit dem größten moralischen Erfolg, aber sachlich beurtheilt, zunächst nur aus Gründen der Wahrscheinlichkeit und ohne die oben geforderten endgültig entscheidenden Belege bejaht worden.

82. Aber beinahe gleichzeitig mit seinem Auftreten wurde dieser noch vermißte Beleg in der Beantwortung einer von der Universität Göttingen gestellten Preisfrage beigebracht. Hier wurde erst gezeigt, wie zu einem endgültigen Abschluß der Frage nothwendig war, daß erstens nie mehr Aschenbestandtheile in einer kultivirten Pflanze vorgefunden werden, als man derselben davon vorher in Aussaat und Nahrung zur Verfügung stellt. D. h. also der in der Chemie längst feststehende Satz von der Unerschaffbarkeit und Unzerstörbarkeit der Grundstoffe wurde auch für die innern Vorgänge in den lebenden Wesen in seiner Gemeingültigkeit nachgewiesen. — Und zweitens ergab sich dann, daß wenn man den Pflanzen die gewöhnlichen Aschenbestandtheile, welche wir in ihnen antreffen, vorenthält, dieselben kein irgendwie gedeihliches Wachsthum zeigen, ja kaum ihre verbrennliche Masse zu vermehren im Stande sind.

Die Versuchsanstellung war nicht so einfach, wie dies der Frageformulirung nach aussieht. Es handelte sich darum, die natürliche Ackererde durch Etwas zu ersetzen, aus dem keine

Mineralstoffe ausgelaugt werden könnten, während für die Stick=
stofffrage durch bloßes Ausglühen die Erde in der gewünschten
Weise abgeändert war. Selbst Glasgefäße als Behälter und
Quarzpulver als deren Inhalt entsprechen diesen Voraussetzungen
keineswegs ganz vollständig. Man mußte schließlich zu Platin=
spänen und zu Zinngefäßen mit Wachsüberzug u. dgl. greifen,
ehe man zu ganz scharfen Resultaten gelangte. Auch der Staub
der Luft spielt vielfach eine störende Rolle.

83. Es handelt sich nun für uns darum, diesen in solcher
Allgemeinheit hingestellten Satz von der Nothwendigkeit der Aschen=
bestandtheile in einzelne von einander unabhängige Spezialsätze
aufzulösen. Für jeden einzelnen in Frage gezogenen Grundstoff
muß die Bearbeitung in der gleichen Weise und mit der gleichen
Schärfe vorgenommen werden. Nirgends zeigt sich mehr das
Ungenügende in der Weise zu schließen, welche noch bei Liebig
die stehende war: Wären die Aschenbestandtheile nicht von Be=
deutung für die Pflanze, so wären sie auch nicht da — als in der
gleich zu erörternden Thatsache, daß einzelne der häufigst, ja
ganz regelmäßig vorkommenden feuerfesten Pflanzenbestandtheile
ohne jeden bemerkbaren Schaden ausgeschlossen werden können.

84. Für Schwefel und Phosphor war die Unentbehr=
lichkeit aus ihrer Beziehung zu den Eiweißstoffen von vorne
herein wahrscheinlich, und so ist denn auch die experimentelle Be=
antwortung der gleichen Frage mit voller Entschiedenheit be=
jahend ausgefallen. Keine Nährlösung oder irgend ein anderes
nährendes Medium hat je irgend eine Pflanze dauernd zu er=
halten oder gar zu einer gedeihlichen Entwickelung zu bringen
vermocht, wenn Schwefel= oder Phosphorverbindungen ausge=
schlossen waren.

85. Ein weiteres Element, der Kiesel genannt, erfreut
sich einer beinahe so großen Verbreitung in der Pflanzenwelt

als die ebengenannten. Freilich kommt dasselbe nicht ganz so gleichmäßig über alle Pflanzenarten verbreitet vor, aber innerhalb ganzer Familien tritt es auch wiederum weit mehr in den Vordergrund, in dem Grade, daß man sich nicht scheute, gerade die landwirthschaftlich bedeutungsvollen Gräser und Getreidearten als Kieselpflanzen zu bezeichnen, und zwar in dem Sinne, daß bei ihrer Düngung und Kultur wohl ganz besonders auf dieses Element Rücksicht zu nehmen sei.

Für diesen Grundstoff nun haben die entscheidenden Kulturversuche ergeben, daß er entbehrlich ist, auch für die Grasgewächse, in welchen er sich in der Natur in so großen Mengen angehäuft findet. Wir haben also hier zum ersten Male den Fall einer zufälligen Aufspeicherung vor uns, und aufs Deutlichste sehen wir den Satz illustrirt: die Pflanzen wählen sich nicht blos das für sie Nothwendige aus den Vorräthen ihrer Umgebung aus, sie häufen auch manchen Ballast in sich auf, genau wie ein Huhn mit dem auf den Boden verstreuten Samen unfehlbar auch Erde und Unrath aufpickt. Man kann dieses Resultat auch so ausdrücken: die Pflanzen haben kein absolutes Wahlvermögen.

86. Mit diesem Ergebnisse aller einschlagenden Kulturversuche fällt auch die Vorstellung über den Grund der Nothwendigkeit des Kiesels in die Brüche — eine Vorstellung, die lange eine weitverbreitete Geltung besessen hatte. Die gewöhnliche Form des Auftretens des Kiesels ist seine Sauerstoffverbindung, welche die Chemiker als Kieselsäure, die Mineralogen als Kieselerde benennen. In dieser Form bildet er die schönen Krystalle von Bergkrystall und Amethyst, den Quarz und den Achat, also Mineralien von großer Härte. In der Form von Kieselsäure kommt nun der gleiche Grundstoff gelöst in der Ackerkrume vor, so daß er in die Pflanze eintreten, dort aber zu

solchen freilich mikroskopisch kleinen aber harten krystallinischen Gebilden erstarren kann. Die Fähigkeit der Gräser zu schneiden, zarten Kinderhänden bekannt genug, ist ein Beleg dafür, daß dadurch allerdings dem pflanzlichen Gewebe eine empfindliche Härte verliehen werden kann..

Jene plausibele Vorstellung bestand nun darin, daß durch Einlagerung krystallinischer Kieselsäure den Gras und Getreide= stengeln die nöthige Festigkeit verliehen werden sollte, sich aufrecht zu erhalten. Fehlt es im Boden an Kieselsäure, so spann man die Theorie weiter, so entsteht das gefürchtete „Lagern" des Getreides.

In den Kulturversuchen zeigte sich nun aber, diesen Folge= rungen widersprechend, eine große Festigkeit der Halme auch ohne jenes mineralische Knochengerüste. Es zeigte sich ferner bei näherm Hinblick, daß die Kieselsäure sich gar nicht vorzugs= weise in den Stengeltheilen, sondern ganz überwiegend in den Blättern, die nichts zu tragen haben, einlagert. — Ferner hat sich dann bei näherer Untersuchung der Ursache des Lagerns her= ausgestellt, daß dieses auch eintritt bei großem Kieselreichthum der Halme und überhaupt in allen den Fällen, wo bei zu dichten Stand und zu reichlicher Ernährung die Halme sich gegenseitig beschatten, und dann aus Mangel an Licht eine gewisse Vergei= lung, eine schwächliche Längsstreckung bei ungenügender Ver= dickung der Zellwände zeigen, daher dann auch einzelstehende Halme bei ganz beliebiger Ernährung diese krankhafte Bildung niemals zeigen.

87. Einige Forscher wollen trotz Alledem eine gewisse Nützlichkeit für die Kieselsäure in Anspruch nehmen. So wurde beobachtet, daß kieselfreie Gräser zu einem Befallen von Schma= rotzerpilzen, deren Fäden durch die weniger harten Zellwände leichter eindringen sollen, neigen, daß ferner die Blätter im Winde leichter umknicken. Es ist recht wohl möglich, daß sich

einige dieser Andeutungen bestätigen werden. In allen Fällen
ist auseinanderzuhalten zwischen Entbehrlichkeit und einem Mangel
an jedem Nutzen. Die erstere ist bei dem Kiesel für die höhern
Gewächse mit Sicherheit festgestellt; deßwegen ist eine Nützlichkeit
in zweiter und dritter Linie immer noch möglich. Auch die
Thiere können z. B. die Galle in ihrem Darme recht wohl ent=
behren und bei sonst guter Kost völlig gedeihen. Trotzdem ist
die Ausnutzung einer gegebenen Nahrung sehr viel besser bei
Anwesenheit des braunen Lebersekretes.

88. Ganz ähnlich wie für den Kiesel hat sich die Er=
nährungsfrage durch eingehende Versuche auch für das Chlor
gestellt, dessen Verbindungen, wie namentlich das gewöhnliche
Kochsalz, sehr verbreitet in der Ackererde sind. Aber es zeigt
sich für das Chlor doch im Verhältniß der Leichtlöslichkeit seiner
Verbindungen, nur ein sparsames Vorkommen in der Pflanze
— und keine Anhäufung, welche andererseits beim Phosphor
und beim Stickstoff so weit geht, daß wir aus der Ansammlung
dieser Elemente irgendwo in der Natur immer sofort zu dem
Schlusse bereit sind, das sei durch die Thätigkeit von Organismen
geschehen.

Das Chlor erscheint nun, dieser geringen natürlichen Auf=
speicherungstendenz entsprechend, in den allermeisten Kultur=
versuchen als ein thatsächlich entbehrlicher Bestandtheil der
Pflanzen, während das Kochsalz bekanntlich für die höheren
Thiere einen durchaus nothwendigen Nährstoff darstellt. Aber
eine gelegentlich nützliche Wirkung hat man auch für diesen Grund=
stoff, namentlich in seiner Verbindung mit dem Metalle der
Potasche, dem Kalium, auszuspüren vermocht. Praktisch sind
solche Wirkungen in zweiter oder dritter Linie ohne Bedeutung,
weil solche Mengen, wie sie hierbei zur Geltung kommen, in
einer jeden Ackererde und bei jeder Behandlung derselben vor=

zukommen pflegen, und eine Verarmung des Bodens nur an solchen Stoffen vorzukommen pflegt, welche schon an sich nicht in übermäßigen Mengen auftretend stark in der Pflanze concentrirt werden, was, wie schon angedeutet, in erster Linie für Stickstoff und Phosphor Geltung hat.

89. Wir hätten nun noch die vorzüglichsten Metalle der Asche auf ihre physiologische Bedeutung für das Pflanzenleben zu prüfen. Von den fünf Metallen, welche in den Glührückständen regelmäßig angetroffen werden, dem schon erwähnten Natrium (dem Metalle der Soda und des Kochsalzes) und Kalium (dem Metalle der Potasche), dem Calcium (dem Metalle des Kalks) und Magnesium (dem Metalle des Bittersalzes) und dem Eisen, sind die vier letztern für die höheren grünen Gewächse als unentbehrlich gefunden worden. Das Eisen kommt nur in sehr geringen Mengen in dem grünen Farbstoffe der Blätter vor, zu dessen wesentlichen Elementarbestandtheilen es gerechnet wird, und kann dem entsprechend von den nicht grünen Gewächsen, z. B. von den Pilzen entbehrt werden. Die andern finden sich beinahe überall in der Pflanze verbreitet, so daß wir aus deren Vertheilung nur sehr unvollkommen auf die eigentliche Leistung schließen können, um derenwillen die Stoffe von der Pflanze nicht entbehrt werden können. Für das Kalium hat man zwar eine Beziehung zu der Entstehung, Wanderung und Verwandlung der Stärkegruppe aufgestellt; aber das ist doch einstweilen nur ein vager Fingerzeig, der, ähnlich wie für Eiweißstoffe und Phosphor, mehr die Thatsache eines gemeinschaftlichen Vorkommens konstatirt als dieselbe unserm Verständniß näher rückt. Das Calcium treffen wir in den Blattorganen stark angehäuft, und es sind vorzugsweise die blattreichen Pflanzen, wie die Kleearten, welche sich den Namen von Kalkpflanzen erworben haben. Aber genaue

Beziehungen zu bestimmten Vorgängen in der Pflanze haben wir in allen diesen Fällen nicht.

90. Wir können uns leicht einen sehr einfachen Ueberblick über die gesammte Pflanzennahrung verschaffen, wenn wir die einzelnen für nothwendig erkannten Nährstoffe systematisch gruppiren. Wir haben es früher schon als Regel aufgestellt, daß die unentbehrlichen Elementarbestandtheile von der Pflanze in Verbindung mit Sauerstoff, und zwar in sauerstoffgesättigter Verbindung aufgenommen werden. Diese Regel hat gerade für die Aschenbestandtheile nur Bestätigungen erfahren. Die sauerstoffreichsten Verbindungen der nichtmetallischen Grundstoffe sind Säuren, die der Metalle sind Basen; und bezeichnend genug, wo wie beim Eisen mehrere basische Oxydationsstufen vorhanden sind, wird der sauerstoffreicheren dem Eisenoxyd, in der Ernährung der Vorzug gegeben.

91. Basen und Säuren bilden mit einander wieder komplicirtere Verbindungen, die wir Salze nennen. So kann man aus der Säure, Schwefelsäure, der sauerstoffreichsten Verbindung des Schwefels, und der Base, Kalk, ein Salz erzeugen, das chemisch gesprochen „schwefelsaurer Kalk" heißt, und auch noch einen Trivialnamen „Gips" hat. Die Salze sind nun Verbindungen von wenig hervorstechenden Eigenschaften, in denen, wie man annimmt, die gegegenseitigen Anziehungskräfte der Einzelbestandtheile sich ausgeglichen haben und darum nicht mehr zur Geltung kommen. Gerade deshalb sind aber die Salze sehr geeignete Körper, um von Organismen aufgenommen zu werden, denn diese zarten Bildungen werden durch freie chemische Kräfte von hervorragender Stärke gar leicht so mitgenommen, daß sie erliegen. Nur sehr schwache Säuren und Basen, wie die Kohlensäure oder wie sehr verdünntes Ammoniak können unverbunden mit den Organen einer Pflanze in Berührung kommen, ohne

fie zu ſchädigen. Aber die ſtarke Schwefelſäure, das ätzende
Kali müſſen wir zuvor gegen Baſen, reſpektive gegen Säuren,
abſtumpfen, ehe an eine Ernährung damit gedacht werden kann.
Die regelmäßige Aufnahmsform der Pflanzennährſtoffe wäre
alſo ein unorganiſches, ein Mineral-Salz, welches, in vielem
Waſſer gelöſt, von der Wurzel aufgeſogen wird.

Dabei iſt nun aber verhältnißmäßig gleichgültig, an welche
Baſe eine aufzunehmende Säure gebunden iſt. Es braucht dieſer
begleitende Beſtandtheil der nährenden Verbindung nicht einmal
einen anderen Nährſtoff zu enthalten, wenn es nur ein un-
ſchädlicher Körper iſt, und gerade durch dieſe Vergeſellſchaftung
bahnen ſich Natron und Chlor ſo oft den Weg in die Pflanze,
wenn ſie an ſich entbehrt werden könnten. So kommt es, daß
wir wenig Rückſicht nehmen auf dieſe nähere Art und Weiſe
der dazu ſehr vergänglichen Form der Bindung von Säuren und
Baſen zu Salzen, und uns ſo ausdrücken, als würden dieſe
z. Th. in ihrer Ungebundenheit ſchädlichen Stoffe als ſolche aufgenommen.

92. So iſt es gemeint, wenn wir ſagen: der Schwefel
wird als Schwefelſäure, der Phosphor als Phosphorſäure aufgenommen; in Wahrheit handelt es ſich um ſchwefelſaure und
phosphorſaure Salze, deren Baſen man aber im Allgemeinen
nicht näher beſtimmen will. Und ſo iſt es gemeint, wenn wir
uns ausdrücken: die höhere grüne Pflanze wird ernährt, von
Waſſer, von vier Säuren und vier Baſen; ſie braucht außerdem
freien Sauerſtoff. Die vier Säuren ſind, ungefähr der Menge
nach geordnet, in welcher ſie durchſchnittlich zur Verwendung
kommen: Kohlenſäure,

Salpeterſäure,

Phosphorſäure,

Schwefelſäure,

mit der Anmerkung, daß Salpetersäure durch Ammoniak ver-
tretbar ist. Die vier Basen sind:

Kali,

Kalk,

Magnesia,

Eisenoxyd.

In dieser Form ist der Nährstoffbedarf der Pflanzen leicht im
Gedächtniß zu behalten.

93. Daß nun auch die praktischen Folgerungen aus dieser
in den letzten Jahrzehnten zu Tage geförderten Erkenntniß weit-
greifende sind, geht schon aus dem Umstande hervor, daß der
Streit um die Bedeutung der Aschenbestandtheile in einem so
großen Kreise ausgekämpft worden, wie er sich für rein wissenschaftliche Fragen niemals zusammenfindet. Wir haben schon
bei Behandlung der Stickstoffernährung die Folgen der Er-
nährungsweise für die Düngungsmethoden hervorgehoben. Die
gleichen Consequenzen gelten für alle Pflanzennahrungsmittel,
so weit sie nicht wie das Wasser aus dem Dunstkreise stammend
in ihren Mengenverhältnissen von atmosphärischen Bedingungen
abhängig sind oder gar wie die Kohlensäure ausschließlich durch
oberirdische Pflanzentheile aufgenommen werden. Der Boden
verarmt nothwendig mit der Zeit an allen denjenigen Bestandtheilen, welche in die Pflanze übergehen, durch eine regelmäßig
fortgesetzte Entnahme von Ernten; und unter Umständen wird
diese Verarmung bis zur Erschöpfung an einzelnen Bestandtheilen
gehen können, d. h. bis zu einer Verminderung der Nährstoffe
in einem Grade, daß die Fruchtbarkeit des Bodens darunter
leidet. Wir haben hier also ein Moment vor uns, durch welches
die Produktionsfähigkeit von Ländereien in Folge von fortge-
setztem Anbau mehr und mehr abnimmt, während es daneben

andere Momente gibt, welche wenigstens eine Zeit lang in um=
gekehrter Richtung wirken.

94. Dabei sind einige Gesichtspunkte zu beachten, die
öfters in der Pflanzenernährungslehre vernachläßigt oder unrich=
tig erwogen worden sind. Jeder einzelne unentbehrliche Pflan=
zennährstoff ist gleich wichtig und kann daher durch seine
Anwesenheit die Gesammtproduktion regiren. Gerade wie einem
zu mästenden Thiere ein Uebermaß von kräftigem Heu Nichts
nützen kann, wenn wir ihm nicht gleichzeitig eine genügende
Menge Wasser zu saufen geben, so nützt auch im Boden ein
Uebermaß von Phosphorsäure Nichts, wenn an irgend einem
andern Nährstoff Mangel herrscht. Von Eisen bedarf ein grünes
Gewächs nur unglaublich geringe Mengen, der größte Baum
vielleicht nur einige Gramm; aber wenn wir ihm diese vorent=
halten, so werden eben die Blätter nicht grün; und in Folge
des Fehlens des grünen Farbstoffs, kann auch keine neue Pflan=
zenmasse herorgebracht werden, auch wenn ein anderer Factor
dieses Vorganges, das Sonnenlicht in überreicher Fülle die
Pflanze bestrahlt.

Wenn wir von einem ganz bestimmten Verhältniß der
einzelnen Nährstoffe und ebenso der übrigen Vegetationsbedin=
gungen ausgehen, wie diese am Günstigsten zusammenwirken,
also für irgend eine Pflanze z. B. 1 Theil Schwefelsäure,
3 Theile Phosphorsäure, 4 Theile Kali, $\frac{1}{10}$ Theil Eisen, so
viel Wärmeeinheiten von Licht 2c. 2c., so wird die einseitige
Vermehrung irgend einer Bedingung für das Gesammterzeugniß
Nichts wirken, und ebenso wenig die Steigerung aller Bedin=
gungen mit Ausnahme von einer. Sämmtliche Bedingungen
müssen natürlich gleichzeitig vermehrt werden, soll die Gesammt=
wirkung aller der vielen zusammengehörigen Ursachen und Be=
dingungen eine Steigerung erfahren.

Und dann umgekehrt, wenn vorher nicht das günstigste Verhältniß des Zusammenwirkens hergestellt war, so wird der in
geringster Menge — natürlich nicht absolut, sondern ausgehend
von jenem richtigen Verhältnisse — vorhandene Nährstoff, die
Gesammtproduktion regiren, gerade wie der Mästungseffekt bei
einem Thiere, welches man dursten läßt, von den Mengen ver-
abreichten Wassers abhängig erscheinen wird und nicht von der
Summa der übrigen Nahrungsmittel, während unter gewöhnlichen Umständen, wo das Wasser, weil kostenlos, in beliebig
großer Menge vorhanden ist, die andern Nährstoffe allein maßgebend sind, so zwar daß man das Wasser praktisch als Nährstoff gar nicht gelten lassen will.

95. Diese Gesetzmäßigkeit nun, welche eine einfache logische
Folge ist von der Unentbehrlichkeit der einzelnen Nährstoffe,
ist von Liebig als das Gesetz des Minimum's bezeichnet worden,
weil der in kleinster Menge vorhandene Nährstoff die Grenze
und der Maßstab ist für die Größe der Ernte. Allein, abson-
derlich genug, dieses Gesetz sollte nur Geltung haben für die
Aschenbestandtheile. Alles Andere mußte diesen neu erkannten
Factoren des Pflanzenwuchses gegenüber in den Hintergrund
treten. Durch Vermehrung aller Aschenbestandtheile sollten die
Ernten bis in's Unbegrenzte gesteigert werden können, während
in Wirklichkeit ganz regelmäßig das beschränkte Vorhandensein
von aufnehmbaren Stickstoffverbindungen der Sache eine nahe
Grenze setzt — eine Thatsache, durch Nichts besser zu erläutern,
als daß stickstoffhaltige Materialien die gesuchtesten, weil durchgängig die wirksamsten Düngemittel sind. Und darüber hinaus, wird wieder die ewig unverrückbare Menge von auf einer
Bodenfläche verfügbarem Sonnenlicht eine gänzlich unübersteig-
bare Einschränkung für die Größe einer Ernte abgeben. In
jener Einseitigkeit befangen wurde von der Verwendung von

7*

eigens patentirten, lediglich aus Aschenbestandtheilen zusammen=
gesetzten, Düngemitteln goldene Berge erhofft, während es sich
nachher zeigte, daß die landwirthschaftliche Praxis durch bloßes
Tasten und „Probiren" schon beinahe so weit gekommen war,
als sie auch durch „Studiren" hätte gebracht werden können,
und daß sie die wichtigsten mineralischen Düngemittel schon
theilweise unabhängig von der Wissenschaft zu verwenden begann.

96. Die wichtigsten Düngemittel unter den gleich wichtigen
Aschenbestandtheilen sind nun aber diejenigen, welche, an sich
sparsam im Boden vorkommend, von den Pflanzen in sehr
starkem Verhältnisse aufgenommen werden, und für die also die
Wegnahme der fertigen Pflanzenmasse am empfindlichsten ist.
Man sieht, daß es im Einzelnen von der Natur der kultivirten
Pflanze und ebenso von der ursprünglichen Bodenzusammen=
setzung abhängen wird, welcher Stoff zu einem wichtigen Dünge=
mittel wird. Auch die üblichen Ernte= und schon bestehenden
Düngemethoden werden hierauf von Einfluß sein. Aber im
Allgemeinen kann doch gesagt werden, daß der Stickstoff leichter
als die Aschenbestandtheile ins Minimum geräth, daß unter den
Aschenbestandtheilen die Phosphorsäure oben ansteht und dann
vielleicht vom Kali gefolgt wird. Für Kalk, Magnesia und
Schwefelsäure ist das Verhältniß je nach Bodenart gar wech=
selnd, so daß sie häufig in vielfachem Ueberschuß vorhanden sind,
in einzelnen Fällen aber der Mangel an einem oder dem andern
dennoch Unfruchtbarkeit bedingt. Beim Eisen ist wohl kaum
je einmal ein Mangel beobachtet worden.

97. Man sieht, daß dieses Gesetz des Minimums gerade
das Gegentheil ist von der Anschauung der Vertretbarkeit der
einzelnen Aschenbestandtheile unter einander. Trotzdem hat diese
letztere Meinung theilweise neben jenem einige Geltung besessen.
Es ist ja von vornherein klar, daß wenn der eine Nährstoff durch

einen andern vertreten werden könnte, nicht wohl von einer Unentbehrlichkeit des ersteren die Rede sein könnte. Allein man wurde durch ein anderes Verhalten zu einer derartigen Anschauung geführt. Wenn man bei Kulturversuchen mit der Menge von zugesetzten Nährstoffen wechselte und z. B. auf einmal nur einen Bruchtheil von Kali verabreichte, dafür aber die Menge des Kalks ansehnlich vermehrte, so wurden auch in den unter diesen wechselnden Bedingungen erzogenen Pflanzen verschiedene Mengen von Kali und Kalk vorgefunden. Der Kalf vermehrte sich in der reichlicher mit diesem Stoffe ernährten Pflanze, während Kali dagegen etwas in den Hintergrund trat, wenn auch bei Weitem nicht in den gleichen Verhältnißzahlen der abgeänderten Ernährung. In einem gewissen Sinne konnte man also aller= dings von einer Vertretung dieser Basen reden.

Aber man darf nicht vergessen, daß eine solche ganz äußer= liche Vertretung Nichts mit einer Vertretung in der Eigen= schaft als Nährstoffe zu thun hat. Jene ist ganz einfach eine unvermeidliche Folge schon angedeuteter Gesetzmäßigkeiten, nämlich davon, daß die Pflanze nicht blos aufnimmt, was sie braucht, sondern in einem gewissen Grade auch, was ihr in den Weg kommt. So gut sie Natron aufnimmt, mit welchem sie Nichts anzufangen weiß, so gut nimmt sie auch ein Uebermaß an Kalf oder Kali auf, nachdem ihr Bedarf daran bereits befriedigt ist. — Handelte es sich wirklich bei solchen Ersetzungen um eine Vertretung den Leistungen nach, so ist nicht abzusehen, warum der Ersatz immer nur bis zu einem Bruchtheile geht und nie= mals ein ganz vollständiger beobachtet wird.

Da ein solcher niemals festgestellt werden konnte, und da wir zur Zeit keine Mittel besitzen, bei einer theilweisen Vertre= tung zu beurtheilen, ob der Stellvertreter die Funktionen des Vertretenen übernehmen konnte, so haben wir uns der ganzen

Substitutionstheorie, wie man die fragliche Anschauung gewöhn=
lich nennt, gegenüber einstweilen ablehnend zu verhalten. Wir
haben vielmehr darauf hinzuweisen, wie scharf die organische
Welt nach der Individualität der Nährstoffe frägt, und wie sie
kein Quiproquo des einen für einen andern chemisch noch so
ähnlichen duldet. Ob wir zu einer chemischen Reaktion im
Laboratorium uns des Kalis oder des Natrons bedienen, das
scheint uns in den meisten Fällen ziemlich gleichgültig zu sein.
Der Organismus macht für die Reaktionen in seinem Innern
feinere Unterschiede, und nimmt nicht einmal das kaum vom
Kali unterscheidbare Rubidion an der Stelle von diesem an.

5. Abschnitt.

Die Stoffaufnahme und der Stoffaustausch der Pflanze.

---

98. Wir wissen nunmehr, aus welchen Stoffen der Pflanzenleib sich aufbaut. Wir wissen, daß in den grüngefärbten Zellen Kohlensäure und Wasser zusammentritt, und daß sich organische Substanz auf diese Weise bildet. Wir wissen, daß in denselben oder auch in andern Pflanzentheilen Salpetersäure, Schwefelsäure hinzukommt, und daß auf diese Weise die wichtigen Eiweißstoffe geformt werden. Wir wissen endlich, daß Phosphorsäure und eine Anzahl von basischen Stoffen an der Erzeugung von bestimmten für die Pflanzen nothwendigen Verbindungen Antheil nehmen. Das Vorhandensein aller dieser Rohmaterialien innerhalb der maßgebenden Bildungsstätten wurde bisher ohne Weiteres vorausgesetzt. Wie sie dorthin gelangen, darüber haben wir uns noch keinerlei bestimmte Vorstellung gebildet.

Und doch werden wir uns einer solchen Kenntnißnahme nicht entschlagen dürfen, sollen unsere theoretischen Pflanzenernährungsstudien einen praktischen Boden gewinnen, sollen aus unserer Erkenntniß des Nährstoffbedarfs brauchbare Folgerungen für den Pflanzenbau abgeleitet werden. Hierzu ist es schlechterdings unerläßlich, daß wir nicht blos wissen, aus Kohlensäure, Wasser, Salpetersäure ꝛc. formt die Pflanze die Bausteine zu ihrer Vergrößerung, sondern daß wir uns daneben bewußt sind, ob die

Kohlensäure durch die Wurzeln oder die grünen Organe aufgenommen werden muß, ob sie als Gas oder in Wasser gelöst oder gar
nur als festes kohlensaures Salz in der Umgebung der Pflanze
vorhanden sein muß, um von dieser verwerthet zu werden. Auch
Anhaltspunkte über die erforderlichen Mengen der einzelnen
Nährstoffe werden dabei zu gewinnen sein.

99. Vor Allem müssen wir mit der uns bereits bekannten
Thatsache rechnen, daß die Pflanze aus einzelnen nach Außen
abgeschlossenen Zellen gebildet ist. Die Zellenwandungen haben
keine wahrnehmbaren Oeffnungen, und wenn trotzdem Stoffe unausgesetzt aus der einen Zelle heraus und in die andere hinein
wandern, so geschieht dies in flüssiger Form. Denn flüssige
Stoffe sind so fein vertheilt, daß sie keiner sichtbaren Poren bedürfen, um durch feste Körper hindurchzugehen; für sie genügen
jene feinsten Zwischenräume zwischen den kleinsten Theilchen der
Substanzen, Theilchen die wir mit unsern Sinnen nicht wahrzunehmen vermögen, die wir aber gleichwohl zur Erklärung von
sinnlich Wahrnehmbarem überall anzunehmen gezwungen sind.

Diese Verhältnisse müssen uns auch für die Betrachtung
des äußeren Stoffwechsels als unverrückbare Grundlage gelten.
Denn wenn die Behauptung, wie man sie der Einfachheit
wegen zu machen pflegt, daß auch die erwachsene Pflanze nur
durchweg aus zelligen Elementen besteht, nicht strenge stichhaltig
ist, so gilt doch das Gesagte für die Orte der Neuerzeugung
und der ganzen wunderbaren chemischen Thätigkeit in der Pflanze.
Alle diese Fabrikationsräume — um unser gebrauchtes Bild
wieder aufzunehmen — sind in Bezug auf ihre Hauptmerkmale durchaus unveränderte Zellen, und damit da Nährstoffe hineingelangen,
müssen diese in flüssiger Form vorhanden sein, wobei der Ausdruck:
flüssig, natürlich nicht blos für tropfbare Flüssigkeiten, sondern
ebenso für Gase, welche wir ja auch als elastische Flüssigkeiten

bezeichnen, Geltung hat. Wenn es also auch ausgedehnte Räume in der Pflanze wie im Thierleibe gibt, welche nach Außen hin nicht durch Zellwände abgeschlossen sind, so kommen doch diese ausnahmslos nicht für die geheimnißvollen Vorgänge des Lebens in Betracht. Es vollziehen sich daselbst höchstens Prozesse, die zwar wichtig für die Ernährung sein mögen, zur Noth aber auch außerhalb des Organismus vor sich gehen könnten, so daß man die betreffenden Räume, wie z. B. Lunge und Darmkanal gerne als Einstülpungen der Außenfläche des Thierkörpers betrachtet. Es wird also durch diese scheinbaren Verwickelungen keine Ausnahme von der Regel bewirkt, daß alle Nährstoffe allen lebenden Wesen und ins Besondere auch den Pflanzen in flüssiger Form geboten sein müssen und daß umgekehrt auch die Stoffausscheidung in der gleichen Weise erfolgen muß.

100. Freilich in diesem Erfahrungsgesetze ist nicht eingeschlossen, daß die Pflanze an der, der Aufnahme vorausgehenden Verflüssigung eines Nährstoffs nicht selbstthätigen Antheil nehmen könnte. Aehnlich wie im Magen des Thieres, der gewisser Maßen nur das örtlich Innere, aber nicht das organisch Innere desselben darstellt, feste Stoffe unter dem Einflusse von abgeschiedenen Verdauungssekreten gelöst werden, um dann erst, durch die Häute des Verdauungskanals hindurchgehend, an dem Aufbau des thierischen Organismus Theil zu nehmen, so betheiligt sich auch die Pflanze an dem Verdaulichmachen des in fester Form Ungeeigneten. Aber derartige Vorgänge sind hier verhältnißmäßig einfach.

Zuerst zur Feststellung der Thatsache ist hervorzuheben, daß wir in jeder beliebigen Landpflanze mineralische Bestandtheile vorfinden, welche in der ganzen Umgebung nicht in gelöster Form, oder in solcher nur in Spuren anzutreffen sind. Dies gilt z. B. ziemlich allgemein für die Phosphorsäure, welche in

vielen Bodenarten durch einen einfachen wässrigen Auszug nicht
wahrzunehmen ist. Sodann hat man eigene Versuche zu diesem
Zwecke angestellt.   Man hat einer im Boden sich verzweigenden
Pflanzenwurzel polirte Gesteinsplatten in den Weg gelegt, und
nachgewiesen, daß dieselben in vielen Fällen genau an den Stellen,
wo die Wurzel sich ihnen angeschmiegt zeigt, angeätzt werden.
Dies gilt vor Allem für Marmor, der aus krystallinischem kohlensaurem Kalke besteht, dann für Phosphorit, der im Wesentlichen
phosphorsaurer Kalk ist, aber in demselben oder etwas vermindertem
Maßstab auch für eine Reihe von andern bodenbildenden Ge-
steinen.   Man nimmt schon nach einer kurz dauernden Vegetations-
periode äußerst zierliche Wurzelabdrücke auf geschliffenen Tafeln
dieser Mineralien wahr, so daß sich die ganze Wurzelverzweigung
bis ins Einzelne dort wiedererkennen läßt.   Diese Erscheinung
ist natürlich nur so zu erklären, daß die Pflanzenwurzel Körpern
gegenüber, mit denen sie in unmittelbare Berührung kommt, eine
selbstständige Fähigkeit äußert, dieselben in Lösung überzuführen,
wodurch dann solche Körper an den Berührungsflächen angegriffen
werden.

101.   Es ist unschwer, die so festgestellte Thatsache zu erklären.   Der Zellsaft der Wurzeln reagirt wie der der meisten
Pflanzenorgane stark sauer; freie Pflanzensäuren, namentlich die
weit verbreitete Kleesäure, oder wenigstens saure Salze dieser
Säuren lassen sich daselbst nachweisen.   Diese Säuren durch-
tränken auch die nach Außen abgrenzenden Zellhäute, da diese
Zellhäute für sie durchlässig sind.   Wenigstens deutet man auf
diese Weise die Jedem zugängliche Beobachtung, daß Wurzeln
schwach an blaues Lakmuspapier angedrückt, eine deutliche Röthung
hervorbringen.   Wenn man sich nun irgend eine mit saurer
Flüssigkeit durchtränkte Wurzelspitze an ein Gestein dicht an-
schließend denkt, welches durch schwache Säuren angegriffen und

schließlich in Lösung übergeführt werden kann, so muß der Er=
folg natürlich eine Anätzung an der betreffenden Stelle sein,
und das Gelöste wird unmittelbar durch die Zellwand hindurch=
gehen und je nachdem zur Ernährung beitragen können.

Entsprechend dieser Anschauung sehen wir Pflanzen, welche
viel Säure in sich zu erzeugen vermögen, auch eine hervorragende
aufschließende Wirkung auf ihren Nährboden ausüben. Die am
nackten Felsen klebenden Flechten, die allerdings bei diesem Stand=
orte darauf angewiesen. sind, mit energischen Mitteln in
den Kampf ums Dasein zu treten, führen sogar die Thonerde
der Gesteine in ihr Gewebe über, einen Stoff, der im Uebrigen
wegen seiner Schwerlöslichkeit beinahe von der gesammten
Pflanzenwelt verschmäht wird.

Und auch künstlich vermögen wir einen Apparat herzurichten,
der ganz der gegebenen Erklärung entspricht. Eine mit schwacher
Pflanzensäure durchtränkte Schweinsblase, mit einem Stück
Kreide oder Marmor in unmittelbarer Berührung, hat auch die
Fähigkeit, davon aufzulösen, und die Lösung nach der andern
Seite in eine wässrige Flüssigkeit gelangen zu lassen. Kurz die
ganze Sache hat durchaus nichts Wunderbares, und die Aus=
nahme von der an die Spitze unserer heutigen Betrachtungen
gestellten Regel existirt nur scheinbar. Flüssig muß die Pflanzen=
nahrung in allen Fällen sein oder werden können, sei es auch
unter Mithülfe der. Pflanze selber.

102. Die Zellhäute sind für Flüssigkeiten durchlässig, aber
sie sind es nicht für alle Bestandtheile der Flüssigkeiten in gleichem
Maße. Darauf beruhen viele sonst räthselhafte Erscheinungen
des Stoffaustauschs. Wasser, das ja selber einen Bestandtheil
der natürlichen pflanzlichen Häute ausmacht, geht eben aus diesem
Grunde leicht durch sie hindurch, etwas schwerer schon gelöster
Zucker und äußerst schwer oder gar nicht die eiweißartigen Stoffe.

Je complicirter die Zusammensetzung eines chemischen Körpers, je schwieriger passiren dieselben die quellbaren Zellwände; und der Gedanke ist — bei aller Naivität desselben — nicht von der Hand zu weisen, daß die kleinsten Theilchen solcher Körper eben einfach zu groß sind, um durch die unsichtbaren Poren der Wandungen hindurchzugehen.

103. Von Gasen passiren diejenigen am leichtesten durch die feuchten Häute, welche in dem Quellungswasser am leichtesten löslich sind, so daß hier die Kohlensäure einen sehr merkbaren Vorsprung vor den andern in Betracht kommenden Luftarten, Sauerstoff und Stickstoff, bekommt.

Auch diese ungleiche Durchgangsgeschwindigkeit läßt sich leicht durch Versuche anschaulich machen, am einfachsten auf die Weise, daß man an Stelle der wässrigen Zellhaut einfach dünne Wasserhäute wählt. Man erzeugt z. B. Seifenblasen durch Einblasen von Kohlensäure in Seifenwasser. Durch die Wan-dungen jener wird dann ein Gasaustausch zwischen der Kohlen-säure und der gewöhnlichen Luft stattfinden müssen. Aber die in Wasser leicht löslichen Kohlensäuretheilchen gewinnen nach unserer Auseinandersetzung einen Vorsprung vor den wenig löslichen Gasen der Luft. Die Folge davon ist, daß die Blase mehr luftförmigen Inhalt verliert als wieder gewinnt, sie wird also kleiner werden, zusammenschrumpfen; und das ist es, was wir thatsächlich unter den angegebenen Umständen beobachten.

Das Umgekehrte muß natürlich eintreten, wenn die Kohlen-säure außen, die Luft sich innen befindet, d. h. also wenn man auf gewöhnliche Weise durch Blasen mit dem Munde die Seifen-blasen erzeugt, und dieselben dann in ein Glas voll Kohlen-säure eintaucht. Auch dieses leicht anzustellende Experiment ge-lingt in der vorauszusehenden Weise. Die Blase schwillt an und platzt dann rasch.

Ganz ähnlich, nur vielleicht etwas abgeschwächt, haben wir uns die Sache für die Zellwandungen zu denken. Ja man hat auch hier für die lebende Pflanze die Bestätigung durch den Versuch gesucht und gefunden. Man hat durch größere Pflanzentheile, z. B. von den Höhlungen des Stengels aus nach Außen Gase hindurchgepreßt und beobachtet, daß die Kohlensäure dabei unter allen Umständen den Vorsprung gewinnt — eine Thatsache, die nur so erklärt werden kann, daß auf diesem complicirten Wege feuchte Zellhäute durchsetzt werden müssen, wofür aber die große Löslichkeit der Kohlensäuretheilchen in dem Wasser dieser Häute in Betracht kommt. Wären auf dem Wege durch das Pflanzengewebe nur offene Poren und Canäle zu durchdringen, so würden gerade die schweren und schwerbeweglichen Kohlensäuretheilchen weit dahinten bleiben.

104. Die Folgen dieser aufgedeckten Gesetzmäßigkeiten für die Pflanzenernährung sind bedeutungsvoll. Man behalte im Auge, wie spärlich das ausschließliche Rohmaterial für den Kohlenstoff der Pflanze in der Umgebung derselben angetroffen wird. Nicht einmal $\frac{1}{20}$ Procent Kohlensäure ist in der athmosphärischen Luft enthalten. Und doch versteht es die Pflanze mit dieser verdünnten Nahrung auszureichen; denn wenn man sie auch daran verhindert, durch die Wurzeln irgend welche kohlenstoffhaltige Substanzen sich anzueignen, so gedeiht sie deßhalb nicht weniger üppig als sonst. Dies Verhalten ist nur dadurch erklärlich, daß die Kohlensäure so außerordentlich rasch die Zellhäute der grünen Organe durchsetzt, und bis zu den tiefer liegenden grünen Zellen eindringt. An sich ist ja der Kohlensäurevorrath der Atmosphäre unerschöpflich, und wenn nur das Wenige, was sich an einem bestimmten Orte befindet, rasch genug ein- und nachströmt, so ist natürlich für jeden beliebigen Bedarf die zureichende Menge vorhanden. Das verhindert aber keines-

wegs, daß nicht doch eine etwas größere Menge von Kohlen=
säure in der umgebenden Luft für Pflanzen mit mäßig entwickel=
ten grünen Organen und bei sehr starkem Lichte vortheilhafter
wäre. Die Gewächse können unter solchen künstlich verbesserten
Ernährungsverhältnissen zu ganz ungewöhnlich großen Produk=
tionen gebracht werden.

Die Erkenntniß dieser Sachlage ist mit daran Schuld,
daß man neuerdings für Erwerbung der Kohlensäure keinen
so großen Werth mehr legt auf die eigenthümlich geformten
Lücken zwischen den äußeren Blattzellen, auf die sogenannten
Spaltöffnungen, welche ihrerseits mit engen zwischen den innern
Zellen verlaufenden Canälchen in Verbindung stehen, und diese
merkwürdige Einrichtung mehr in Beziehung bringt zu den Ver=
dunstungserscheinungen, welche allerdings durch Oeffnen und
Schließen jener Spalten, in ziemlich wirksamer Weise regulirt
werden.

105. Der Sauerstoff andererseits, welcher in viel kleine=
rem Maße von den Pflanzen für den Athmungsprozeß erforder=
lich ist, findet sich in der Luft in einer 500 mal so großen
Menge vor, so daß für sein Eindringen in die Pflanze besondere
Vorrichtungen entbehrt werden können, außer bei sehr dicken
Stämmen, für welche man in der That neuerdings feine in
die Rinde mündende Canäle angetroffen hat. Uebrigens ist der
Sauerstoff weit stärker in Wasser und wassergetränkten Häuten
löslich als der ihn in überwiegender Menge begleitende Stickstoff,
dem keinerlei active Einwirkungen auf die organische Welt zu=
kommen. Diese Thatsache ist immerhin bemerkenswerth, zumal
für die Athmung der von der Luft mehr oder minder abgesperrten
Wurzelorgane, sowie für die Lebensbedingungen aller im Wasser
vegetirenden Wesen.

106. Ganz ähnlich wie für den Gasaustausch durch Zell=

häute liegt auch die Sache für den Durchgang von tropfbaren Flüssigkeiten durch dieselben. Allerdings treten hier noch einige weitere Complicationen hinzu, deren wenigste wir aber hier zu berühren brauchen. Tropfbare Flüssigkeiten passiren durchgängige „Membranen", wie die Häute mit den beschriebenen Eigenschaften genannt werden, nur dann, **wenn jenseits derselben eine** Flüssigkeit sich befindet, die **gewisse Anziehungskräfte auf** die erstere ausübt und zum Zeichen dessen sich mit ihr mischt. Wir mögen eine Membran wählen, welche wir wollen, **wir werden** Wasser wohl zu Weingeist oder zu einer Salzlösung hinübertreten sehen, aber niemals zu Oel. Es kommt also hier neben den Eigenthümlichkeiten der durchgängigen Häute und der durchgehenden Flüssigkeiten auch noch **auf die Eigenthümlichkeiten der** gegenüberstehenden Flüssigkeit an.

Also damit **der Vorgang überhaupt** statt hat, müssen die Flüssigkeiten mit einander **mischbar sein; aber ob der Stoff-** austausch hinüber oder herüber der überwiegende sei, darüber **entscheidet wesentlich das Verhalten der Membran** zu der betreffenden Flüssigkeit. Die natürlichen Zellhäute haben **allesammt** ein großes Anziehungsvermögen für Wasser, sie sind in demselben quellbar. Also Wasser wird immer vorzugsweise rasch hindurchgehen. Steht dem Wasser eine Salzlösung gegenüber, so kommt es auf das besondere Verhalten der Zellmembran gegen die gelösten Salztheilchen an, ob der dagegen sich vollziehende Austausch mit einer sehr viel geringeren Geschwindigkeit erfolgt. Die gewöhnlichen einfach zusammengesetzten und krystallisirbaren Salze stehen dem Wasser in den meisten Fällen nicht viel nach an Durchgangsgeschwindigkeit, während complicirter aufgebaute organische Stoffe, namentlich die eiweißartigen, mehr und mehr die Fähigkeit verlieren, von den Häuten in bemerkbarer Menge durchgelassen zu werden. Die aufgeworfene Frage ist für irgend einen flüssigen Stoff noch leichter zu entscheiden wie bei den Gasen, da einfach die Vermehrung der Flüssigkeit auf der einen Seite der Scheidewand einen ganz direkten Maßstab für die Durchgangsgeschwindigkeit an die Hand gibt. Lege ich eine mit 10 prozentiger Kochsalzlösung gefüllte Schweinsbalse in ein Maßgefäß voll Wasser, in welchem sich bei Beginn des Versuchs 2 Liter Wasser befunden haben, so gibt mir der Kochsalzgehalt des äußeren Wassers nach einer gewissen Zeit die Menge des durchgegangen Salzes an; eine Vermehrung oder eine Verminderung der Wassermenge daselbst zeigt mir, ob weniger oder mehr Wasser als Kochsalz durch die Blasenhaut gegangen ist. Bei den allermeisten, wie bei dem Kochsalz selber tritt, wie gesagt, das Letztere ein. Füllt man die Blase aber gar mit concentrirter Eiweißlösung, so quillt dieselbe strotzend auf, und in der umgebenden Flüssigkeit können kaum Spuren von der organischen Substanz nachgewiesen werden, zum Zeichen, daß das Wasser mit der vielhundertmaligen Geschwindigkeit eindringt, als dem Eiweiß hinauszutreten verstattet wird.

107. Alle diese Dinge sind für die Pflanzenernährung von der äußersten Wichtigkeit. Man beachte die Lage einer Wurzel in der Bodenfeuchtigkeit oder gar einer untergetauchten Wasserpflanze in dem sie umspühlenden flüssigen Elemente. Hier soll Wasser von Außen aufgenommen worden; desgleichen in demselben gelöste salzartige Nährstoffe. Der Austausch soll aber durchaus ein einseitiger sein. Die organisirten Stoffe des Zellinhaltes sollen sich, kaum erschaffen, nicht wieder nach Außen verlieren. Der Zellinhalt besteht nun in der Wurzel wie überall wesentlich aus einer eiweißhaltigen schleimigen Flüssigkeit. Die stickstofffreien Körper der Stärkegruppe sind derselben vorwiegend in ungelöster Form, nämlich als Stärkekörner selber, eingebettet. Ein Durchgang dieser Stoffe durch die besonders schwer durch-

gängigen, die Pflanze nach Außen hin abgrenzenden Zellhäute steht daher nicht zu befürchten. Umgekehrt bewirken aber diese Substanzen durch ihre Anziehungskraft für Wasser die beschleunigte Aufnahme dieses in größter Menge erforderlichen Nährstoffs; und hier finden wir einen Hauptanstoß zum Zustandekommen des Wasserstroms, welcher die Landpflanze unausgesetzt von Unten nach Oben durchfließt.

108. Dann spielt die chemische Verarbeitung der durchgegangenen Stoffe innerhalb der Zellen eine bedeutende Rolle bei der Stoffaufnahme. Dies kommt namentlich für die mineralischen im Bodenwasser gelösten Nährstoffe in Betracht. An sich muß ja offenbar der Vorgang des Stoffaustausches durch eine Membran hindurch eine Grenze haben, wenn die Flüssigkeit hüben und drüben in Folge des Austauschs ganz gleichartig geworden ist. Die Ungleichheit hat den Anstoß zu der Bewegung gegeben; ist sie durch Vollzug der Bewegung beseitigt, so hat die Sache ein Ende. Auch die Aufnahme von Nährstoffen in die Wurzel oder in irgend welche andere Organe würde ihr Ende erreichen, sobald dieselben in den Wurzelzellen und in der Bodenlösung in gleicher Concentration vorhanden sind. Hier muß also die chemische Verwandelung Platz greifen, um dieses Gleichgewicht niemals eintreten zu lassen und den Vorgang der Ernährung zu einem stätigen zu machen. Salpetersaurer Kalk, ein in dieser Form weitest verbreiteter Nährstoff der höhern Gewächse, tritt in die Wurzel ein. Daselbst ist etwas freie Oxalsäure vorhanden, welche in beinahe allen Organen durch die Oxydationsvorgänge der Athmung immer wieder neu erzeugt wird. Es bildet sich oxalsaurer Kalk und freie Salpetersäure. Diese letztere wird mit Hülfe von stickstofffreier organischer Substanz in eiweißartige Körper verarbeitet, welche vor dem Rückgang durch die nach Außen abschließenden Membranen gesichert sind,

während der oxalsaure Kalk als solcher oder zu kohlensaurem Kalk oxydirt theilweise nach Außen abgegeben werden mag, bei Entstehen in größerer Menge zum Theil aber auch in morgen= sternartigen Krystallen sich in der Zelle ablagert. Diese Vor= stellung von der Verarbeitung der salpetersauren Salze in der Pflanzenzelle hat in einzelnen Punkten noch etwas Hypothetisches, und sie wird ohne Zweifel durch weitere Forschungen noch corrigirt und geläutert werden; aber sicherlich ist sie ein Muster dafür, in welcher Richtung die Erklärung zu suchen ist. Die chemische Umwandlung, die zunächst gar nicht einmal so tiefgehend zu sein braucht, bewahrt ein jedes Element, aus dem der Pflanzenleib sich aufbauen soll, vor dem Zustande des Stillstandes, welcher ja mit dem Zustande des Todes gleichbedeutend sein würde.

109. Hieraus scheint der vielfach vorausgesetzte Satz zu folgen, daß die Anhäufung irgend eines Elementes im Pflanzen= körper ein Beleg für dessen physiologische Bedeutsamkeit sei. Ein Beleg für eine stattfindende, wenn auch noch so geringfügige Verarbeitung in neue chemische Formen ist sie allerdings. Aber man vergißt, daß Dieses mit Jenem nicht gleichbedeutend ist. Es ist ja immerhin denkbar, daß manche aufgenommenen Stoffe in gewissen Theilen der Pflanze wenigstens bis zu einem solchen Grade verarbeitet werden, daß dadurch das Ungleichgewicht, welches eine Voraussetzung ist für eine dauernde Aufnahme, immer wieder von Neuem hergestellt wird; und die früher schon erwähnte bis zum Ueberdruß erwiesene Thatsache der Anhäufung von manchen entbehrlichen Mineralstoffen in der Pflanze, wie des Kiesels in den Gräsern, wie des Jods in gewissen See= tangen, kann umgekehrt als ein Beweis dafür angesehen werden, daß es sich wirklich so verhält.

110. Aber auch noch andere Folgerungen lassen sich aus den gleichen Gesetzmäßigkeiten ziehen. Stoffe, welchen die

Fähigkeit abgeht, leicht durch Zellhäute oder überhaupt Mem=
branen hindurchzugehen, muß auch die Fähigkeit, zur Pflanzen=
ernährung unmittelbar beizutragen, rundweg abgesprochen werden,
sie mögen nun leicht löslich sein und im Uebrigen noch so sehr
dazu geeigenschaftet erscheinen. Diese Folgerung hat ihre be=
sondere Wichtigkeit für die sogenannten Humusstoffe, jene braun=
schwarzen, kohlenstoffhaltigen Bestandtheile der fruchtbaren Acker=
und Gartenerden, welchen man früher die direkte Nährfähigkeit
ohne Weiteres zuschrieb. Diese Stoffe sind in ihrer gewöhn=
lichen Form nicht zum Durchgang durch Membranen begabt,
und erst nachdem man Verbindungen derselben, für die eine
solche Möglichkeit besteht, kennen gelernt hat, wird die Frage
mit mehr Gewissenhaftigkeit als Aussicht auf Erfolg von Neuem
erörtert, ob nicht dennoch für gewisse Pflanzen eine direkte Humus=
ernährung stattfinden könne.

111. Eine andere Abweichung von dem Verhalten der
Gase haben wir in Bezug auf die Druckverhältnisse zu ver=
zeichnen, welche die Folge eines einseitigen Uebergangs durch
eine membranartige Scheidewand ist, und auch hieraus ergeben
sich schwerwiegende Folgerungen. Wir nennen die Gase elastische
Flüssigkeiten, weil sie zusammendrückbar sind und bei Nachlassen
der Pressung ihren alten Raum wieder einnehmen. Die gewöhn=
lichen sog. tropfbaren Flüssigkeiten besitzen diese Eigenschaften nicht
oder nur in sehr geringem Maße; sie sind nicht erheblich zu=
sammendrückbar oder durch Verminderung der Pressung aus=
dehnbar; daher, wenn sie sich durch Wärme ausdehnen und einen
größeren Raum einnehmen, sie dies mit unwiderstehlicher Gewalt
thun, so daß man Bomben auf solche Weise sprengen kann.

Wenn ich eine mit Luft erfüllte feuchte Blase in eine Atmo=
sphäre von Kohlensäure bringe, so geht, wie wir gesehen haben,
die Kohlensäure rascher hinein, als die Luft heraus — die Blase

schwillt an, und da die Wände der Blase von einem gewissen
Punkte an Widerstand leisten, so ist die Gasmischung innerhalb
der Blase von dieser Zeit an gepreßt. Da die elastischen Gase
dieser Pressung nachgeben, so sind in diesem Zustande mehr
Gastheilchen in dem gleichen Hohlraum der Blase vorhanden,
als sonst darin Platz finden würden. Dies ist von Belang für
den weitern Verlauf des Vorgangs. Daß in der Raumeinheit
innerhalb der Blase mehr Gastheilchen enthalten sind, muß nach
unsern erprobten Vorstellungen über die Ursache des Durchgangs
der Flüssigkeiten durch Membranen dem gepreßten Gase einen
Vorsprung gewähren, und in der That können wir leicht durch
Versuche nachweisen, daß man auch Gase durch Membranen hin-
durchpressen kann. Es folgt also, daß wenn irgendwo in Folge
des beschriebenen Prozesses bei dem Gasaustausch eine Druckverschiedenheit sich herausstellt, diese Druckverschiedenheit
dem weitern Verlauf des Prozesses eine naheliegende
Grenze setzen muß.

Anders bei den gewöhnlichen Flüssigkeiten. Wenn ich an
der Stelle der Luft in die Blase Eiweißlösung fülle und dieselbe in
Wasser lege, findet dieselbe Ungleichheit des Durchgangs statt.
Die Blase schwillt mächtig an, weil ganz einseitig Wasser in
sie hineindringt. Aber der Druck, den nun allmählig die Blasenhaut auf ihren Inhalt ausübt, vermag nicht diesen merklich zu-
sammenzudrücken. Die einzige Reaktion, welche hier eintreten
kann, ist eine Dehnung und ein endliches Zerspringen der Blase,
und wenn eine Aenderung in dem Stoffaustausch sich einstellt,
so ist dies höchstens, weil die gedehnte Membran sich etwas
abweichend von der ursprünglichen verhält. Jedenfalls geht hier
der einseitige Vorgang sehr viel länger mit ungeschwächter Energie
fort. Auch hierfür haben wir die experimentelle Bestätigung.
Durch Membranen, welche für gewisse Flüssigkeiten durchlässig

find, laffen fich diefe Flüffigkeiten doch nicht ohne Weiteres hin=
durchpreffen. Eine Schweinsblafe, die, mit Eiweiß gefüllt, fo
viel Waffer in fich aufnimmt, läßt doch keinen Tropfen Waffer
hinausgehen, auch wenn wir fie mit den Händen kräftig preffen.

112. Das Ergebniß davon ift natürlich, daß in Folge des
Durchgangs tropfbarer Flüffigkeiten durch Membranen dauernd
Spannungen innerhalb gewiffer Zellen und ganzer zelligen Or=
gane entftehen und beftehen bleiben können; und wir haben
guten Grund anzunehmen, daß folche Spannungen für das
Pflanzenleben von der allerhöchften Wichtigkeit find. Sind die
Wurzelzellen wirklich einer mit Eiweißlöfung gefüllten Blafe
vergleichbar, fo müffen jene einen Zuftand der Spannung an=
nehmen können. In der That treffen wir auch diefen Zuftand
in keinem andern Organ in folch' ausgefprochener Weife an,
wie gerade in der Wurzel, fo daß man in der Pflanzenphyfio=
logie von einer eigenthümlichen Wurzelkraft oder einem Wurzeldruck
fpricht, in Folge von welchem Flüffigkeitsfäulen bis in große
Höhen des Stengels oder Stammes emporgehoben werden kön=
nen. Eine Zeit lang hat man fogar diefer Wurzelkraft einen
großen und jedenfalls fehr übertriebenen Antheil an der Saft=
hebung und dem Wafferftrom durch die Pflanze zugefchrieben,
während wir doch auch Gewächfe, die dauernd oder vorüber=
gehend von einem erheblichen Wurzeldrucke Nichts wiffen, in
Bezug auf die Wafferverforgung nicht hintangefetzt fehen.

113. Im Wefentlichen müffen wir uns das Zuftande=
kommen diefes Saftftroms auf ganz andere Weife zu Stande
kommend denken. Die Pflanze befteht eben zu allen Zeiten und
ihrer ganzen Maffe nach aus Materialien, denen die Eigenthüm=
lichkeit zukommt, fich mit Waffer vollzufaugen. Man denke nur
an einen Docht, welcher aus feinen Pflanzenfafern (ungewöhn=
lich langeftreckten Zellen, gebildet ift, der ja auch Flüffigkeiten

bis in große Höhen emporsaugt, weil gegenüber der Anziehung bei sehr großer Annäherung (sog. Haarröhrchenwirkung) die Kräfte der Schwere kaum mehr in Betracht kommen. Aehnlich, wie es schon solch' todte Fasern thun, nur mit ungleich mehr Energie, wirkt auch das lebende Pflanzengewebe, und wir dürfen nicht erstaunen, das Wasser und mit ihm die gelösten Nähr= stoffe bis auf die Höhen von 200 Fuß und mehr, die unsere größten Bäume erreichen, gehoben zu sehen. Daß der Strom zu einem stätigen wird, daran ist natürlich die Verdunstung des Wassers aus den Blättern und den anderen zärteren Organen der Gewächse schuld. Hemmen wir die Verdunstung durch Ueberstülpen einer Glocke über die Pflanze, oder betrachten wir eine Wüsten= pflanze, z. B. eine Cactusart, die ihrer ärmlichen Wasserver= sorgung wegen von der Natur durch allerlei Vorkehrungen vor einer erheblichen Verdunstung geschützt ist, so hat auch der Wasserstrom ein Ende — das einmal vorhandene Wasser wird der Pflanze nun für längere Zeit erhalten. Unter einem solchen Zustande leiden die Pflanzen nicht merklich und zeigen sich nor= mal ernährt, so daß man schließen könnte, der Wasserstrom sei nicht nothwendig für das Gedeihen der Gewächse, wenn nicht für gewisse Pflanzen einige Andeutungen über eine etwas abge= änderte Zusammensetzung, namentlich auch in Bezug auf die mineralischen Nährstoffe, unter diesen Umständen vorlägen. Es ist daher hier noch einige Vorsicht in der Aburtheilung geboten, obgleich auch unsere theoretischen Anschauungen zu der Folge= rung zu zwingen scheinen, daß die Nährstoffe des Bodens nicht mechanisch mit dem Wasser aufgesaugt, sondern unabhängig von diesem, ein jeder selbstständig nach den vorhin besprochenen Ge= setzen der Membrandiffusion, aufgenommen werden. Es ist in= dessen dem Zwecke dieser Erörterungen wenig dienlich, die noch

unfertigen Seiten der Wissenschaft vor einem größeren Publi-
cum bloszulegen.

114. Was nun die Verdunstung selber anlangt, so kommt
dieselbe eben dadurch zu Stande, daß die Pflanzen nach Außen
hin mit für Wasser durchdringlichen Zellhäuten bekleidet sind.
Die feuchten Häute verdunsten die in ihnen und auf ihnen enthaltenen Wassertheilchen; diese nehmen unter dem Einfluß von
Wärme und Trockenheit der umgebenden Luft Gasgestalt an,
und die verloren gegangenen Theilchen werden dann wieder
durch die Feuchtigkeit des Zellinhaltes ersetzt, welcher seiner-
seits hierdurch concentrirter wird und auf die benachbarten Zellen
weiter und weiter wirkt. Noch zutreffender erscheint diejenige
Vorstellung, wonach der Ersatz der verdunsteten Wassertheile
durch Fortleitung in den Zellhäuten selber und namentlich auch
auf deren Oberfläche geschieht, weil man durch Versuche neuerdings eine sehr große Geschwindigkeit der Wasserleitung durch
die lebende Pflanze ermittelt hat.

Die Zellhäute verschiedener Pflanzentheile sind nun aber in
sehr verschiedenem Grade für Wasser durchdringlich, wie schon
der bloße Augenschein lehrt, daß sie verschieden quellbar sind,
und darnach regelt sich auch die Verdunstung aus den einzelnen
Organen. Der Stamm und die älteren Stengeltheile sind wohl
geschützt durch vielfache Schichten des nicht quellbaren Kork-
und Rindengewebes. Hier ist der Wasserstrom nur auf das
Innere beschränkt, und Verdunstung findet nicht in merklichem Grade
statt. Anders die jungen, vergänglichen und vielzertheilten Organe
mit ihrer großen Oberfläche, vor Allem die grünen Blätter. Diese
sind höchstens geschützt durch eine schwer benetzbare wachsartige
Oberhaut, aber sie sind zugleich durch ganz besondere Ein-
richtungen zur Verdunstung begabt.

115. Zwischen den Blattzellen ist ein System von Hohl-

räumen nachweisbar, das nach Außen in die schon erwähnten Spaltöffnungen mündet. Hierin circulirt, begünstigt durch häufige Temperaturschwankungen, ein Luftstrom, so daß die fragliche Einrichtung **genau wie eine** enorme Vergrößerung der verdunstenden Oberfläche wirkt. Die Fähigkeit der Spaltöffnungen, sich unter Umständen zu erweitern, unter Umständen sich zu verengen **oder gar zu schließen, wirkt** dabei, die Verdunstung **in zweckmäßiger Weise** regelnd. Denn man hat mit Hülfe des Vergrößerungsglases beobachtet, daß die Spaltöffnungen enger werden, **wenn** die Zellen nur schwach mit Saft erfüllt und **schlaff** sind, während die Erweiterung derselben und damit **eine** Erleichterung der Luftumspühlung eintritt, wenn das Gewebe von Wasserreichthum strotzt, **so daß schon aus diesem Grunde** eine welke, wasserarme Pflanze vor weiteren Verlusten an diesem allvermittelnden Agenz bis zu einem gewissen Grade **geschützt ist.** Dazu wirken die **wasseranziehenden und festhaltenden Kräfte des** immer concentrirter werdenden Zellsaftes in der gleichen **Richtung, so** daß auf diese Weise die Pflanzen der launischen **Witterung eher trotzen und** ungewöhnlich lang dauernde Zeiten des Durstes mit auffallender Widerstandskraft überdauern **können.**

Natürlich Alles hat sein Ende, und trotz Alledem können **Pflanzen aus Wassermangel** schließlich zu Grunde gehen, und natürlich diejenigen am Leichtesten, die am **unvollkommensten** gegen Verdunstung geschützt sind, und dann namentlich auch die, **welche** in Zeiten des Wasserüberflusses sich nicht einen großen Vorrath **an** Feuchtigkeit aufzuspeichern vermögen. Deßwegen sehen wir kleine einjährige krautartige Gewächse, welche so zu sagen ganz Oberfläche sind, in Zeiten der Dürre rasch dahin welken, **während unsere Bäume mit** ihrem großen Holzkörper, in dem sie große Wassermassen zu hegen vermögen, noch kaum ernstlich zu leiden beginnen.

116. Auch noch in Bezug auf die Aneignung der in der Bodenfeuchtigkeit gelösten Nährstoffe durch die Wurzel haben wir einige gewichtige Folgerungen zu ziehen. Wir haben gesagt, daß das Wasser überall am Leichtesten die membranartigen Zell= häute durchdringe, und daß auch diejenigen mineralischen Salze des Bodens, welche als Nährstoffe anzusehen sind, fast aus= nahmslos demselben nachstehen. Man könnte hieraus zu schlie= ßen geneigt sein, daß immer eine verdünntere Lösung in die Pflanze eindringe als im Boden sich verfindet, weil das Wasser eben vor den in ihm gelösten Bestandtheilen einen Vorsprung erhalten müsse. Stände dieser Satz fest, so hätte man auch einen Maßstab in der Hand, um bei gegebener Verdunstungs= größe das Maximum von Nährstoffen berechnen zu können, das von einer Pflanze aus einem Boden, in welchem Lösungen von bekannter Concentration circuliren, aufgenommen werden könnte. Ob diese Grenzbestimmung erlaubt ist, erscheint aber von Wich= tigkeit, weil man mit Hülfe derselben den Beweis unternehmen könnte, daß die Pflanzen ihre Nährstoffe gar nicht vorzugsweise aus Bodenlösungen schöpfen, wie in der That eine derartige Schlußforderung, freilich in noch viel oberflächlicherer Weise, unternommen worden ist.

Bei näherem Hinblick erweist sich der Schluß dann als trügerisch. Man braucht nur die Lage einer untergetauchten Wasserpflanze in's Auge zu fassen, um sich hierüber klar zu werden. Eine solche unterhält keine Verdunstung und damit keinen stätigen Wasserstrom. Neues Wasser nimmt sie nur auf in dem Maße, als sie wächst. Trotzdem sammelt sie Mineral= stoffe in sich an in einem weit größeren Verhältniß, als das um= gebende Wasser sie enthält, und dies betrifft sogar entbehrliche

Substanzen. Jene muß also auch diese Stoffe in stärkerem Ver=
hältnisse aufgenommen haben, als sie in dem umgebenden Wasser
vorhanden waren. Eine concentrirtere Lösung strömt gleichsam
in die Zellen ein, als ihnen eine von Außen dargeboten
wird.

117. In der That läßt sich ja ein Zustand der Ver=
dünnung des Zellsaftes denken, in welchem er keine weitere An=
ziehungskraft für Wasser mehr geltend macht. Dann wird auch
der Uebertritt von Wasser durch die Zellhaut aufhören, so durch=
lässig diese für dasselbe immer sein mag. Wenn zu gleicher
Zeit übergeführte Mineralstoffe rasch der chemischen Verarbeitung
unterliegen, so wird für diese der Uebergang ein bleibender sein,
er mag auch an sich noch so langsam von Statten gehen.

Und die Ernährung der Wasserpflanzen ist nicht das einzige
Beispiel dafür, daß es sich wirklich so bei der Stoffaufnahme
verhält. Zum Glück ist das gleiche Verhalten auch für die
Wurzel der Landpflanzen nachgewiesen worden. Während man
aus unvollkommenen älteren Experimenten de Saussures ge=
schlossen hatte, daß immer verdünntere Lösungen von der Wurzel
aufgesogen, als ihnen dargeboten werden, liegen jetzt sehr zu=
verlässige neue Versuche vor, welche beweisen, daß es dabei lediglich
auf die Concentration ankommt. De Saussure hatte verhältniß=
mäßig concentrirte Nährlösungen verwendet, welche überhaupt
für alle Pflanzen wenig zuträglich sind, und jedenfalls zu reichlich
mit.den Stoffen versorgen, als daß so schnell eine Verarbeitung
in den Zellen eintreten könnte. W. Wolf nahm an Stelle
dessen verdünnte Lösungen, wie sie etwa den Pflanzen von der
natürlichen Ackererde geboten werden mögen, und siehe da, das
vermeintliche Gesetz verkehrte sich in sein Gegentheil, so daß
unter Umständen eine weit concentrirtere Lösung von Kalisalpeter

oder von einem phosphorsauren Salze aufgesogen wurde, als man der Pflanzenwurzel dargeboten hatte. Es ist mithin auch keineswegs erlaubt, die Menge für eine Ernte zur Verfügung stehender Nährstoffe so zu berechnen, daß man die während der Vegetationsdauer von den Pflanzen verdunstete Wassermenge als einfach mit der Concentration der Bodenlösung in die Pflanze aufsteigend annimmt. Mit der gleichen Wassermenge kann aus verdünnten Bodenlösungen die vielfach größere Nährstoffmenge aufgesogen werden.

118. Besteht nun der Stoffaustausch der Pflanze, von dem wir in diesem Abschnitte handeln, so ganz überwiegend in einer Stoffaufnahme, dem eine Stoffabscheidung nach Außen hin nicht in erheblichem Maßstabe gegenübertritt? — Die Pflanze wächst, so lange sie gedeiht, und erreicht niemals einen Abschluß der Größe nach, über den hinaus sie wie das Thier wohl noch lebte und webte, aber nicht mehr an Masse zunehme. Daraus folgt zum Mindesten, daß die Nährstoffaufnahme über die Ausscheidungen überwiegen müssen. Trotzdem ist schon bei Besprechung des thierähnlichsten Vorgangs in der Pflanze, der Athmung, von der Kohlensäureausscheidung die Rede gewesen. Diese geht in die umgebende Luft, unter Umständen, d. h. wenn der Boden nicht schon verhältnißmäßig kohlensäurereicher ist, auch durch die Wurzeln in diesen über. Auch von der Sauerstoffentwickelung aus den grünen Pflanzentheilen im Lichte kann man als von einer Ausscheidung reden. Im Uebrigen spielen in der That die Ausscheidungen im Pflanzenreiche eine untergeordnete Rolle. Nicht, als ob es hier ganz und gar an Endprodukten des Stoff=wechsels, die dem Organismus zu Nichts weiter mehr nütze sind, ganz und gar fehlte; aber dieselben werden häufig in den pflanz=lichen Geweben abgelagert, so daß es nur in seltenen Fällen zu

eigentlichen Ausscheidungen nach Außen hin kommt. Ausschwitzungen sind ohnehin beinahe immer als krankhafte Zustände aufzufassen.

Trotzdem ist es nicht schlechthin als unwissenschaftlich zu bezeichnen, von Wurzelausscheidungen zu reden, wenn auch weitgehende praktische Folgerungen aus einem solchen Zugeständniß nicht gezogen werden dürfen. Ueberall, wo Pflanzenorgane an tropfbare Flüssigkeiten grenzen, da werden sich auch die Diffusionsgesetze nicht blos für die Neuerwerbung von Stoffen, sondern auch für Stoffverluste geltend machen. Für ganz innerhalb wässriger Flüssigkeiten lebende Organismen ist dieses Verhalten auch mit Händen zu greifen, namentlich für niedrige Pilze, wie z. B. die gewöhnliche Hefe. Hier kann sogar der ganze Gährungsumsatz als Resultat des Stoffwechsels dieser kleinen Wesen mit Erfolg aufgefaßt werden. Und dann sind natürlich Weingeist und Kohlensäure die Hauptausscheidungen, die eben so stätig in die umgebende Gährungsflüssigkeit ausgegeben werden, als die Aufnahme von Zuckertheilchen erfolgt. Also prinzipiell muß die Wechselwirkung immer zugestanden werden; nur darf man nicht zu ermessen unterlassen, welche Dimensionen die Ausscheidung verbrauchter Stoffe thatsächlich einnimmt. Die Gährungspilze können uns hierfür am Allerwenigsten als Musterbild dienen, da der Stoffwechsel in diesen vom Sauerstoff der Luft abgeschlossenen Wesen ganz ungewöhnliche und, wie Einige meinen, krankhafte Verhältnisse annimmt.

119. Von wirklichen Wurzelausscheidungen bei den höheren Gewächsen wissen wir thatsächlich sehr wenig, obgleich man bei der Wasserkultur ja alle Mittel in den Händen hat, um einem solchen Vorgange nachzugehen. Wohl ist beobachtet, daß von einem Salze, dessen einer Bestandtheil der Pflanze in höherem

Maßstabe zur Ernährung dient als der andere, der schlecht ver=
werthbare in einer neuen chemischen Form in der Nährlösung
wiedererscheint. Dahin ist zu rechnen namentlich die Ausscheidung
von kohlensaurem Kalke nach einer Ernährung mit dem salpeter=
saurem Kalksalze. Ebenso werden die minder verwerthbaren Nähr=
stoffe wieder zu einem Theile ausgeschieden, wenn man eine
Pflanze aus einer concentrirteren Nährlösung in reines Wasser
versetzt. Aber organische Stoffe hat man in den Nährlösungen
nur in Folge der Verletzung und Fäulniß einiger Wurzelfäserchen
wahrgenommen.

Jedenfalls können jene älteren Anschauungen nicht zu Recht
bestehen, nach welchen die verschiedenen Feldgewächse regelmäßige
und in jedem Falle eigenthümliche Ausscheidungen machen,
welche für die nämliche Pflanzenart schädlich, für eine andere
gleichgültig und vielleicht gar nützlich sein könnten. Man suchte
auf diese Weise die sehr entwickelte landwirthschaftliche Methode
des Abwechselns mit den Feldfrüchten auf demselben Felde, des
sog. Fruchtwechsels, zu begründen, für welche wir nun die weit
näher liegende und durchaus wissenschaftliche Erklärung in An=
spruch nehmen, daß die Bewurzelung und dann auch der Nähr=
stoffbedarf der einzelnen Gewächse verschiedene sind, in Folge
wovon das eine noch Nahrung findet, wo das andere schon nicht
mehr gedeiht, das eine diese, das andere jene Bodenregionen in
Anspruch nimmt. Auch geht bekanntlich die sog. Unverträglichkeit
einer Pflanze mit sich selber nur bis auf einen gewissen Grad,
und in gewissen Bodenarten oder in einem bestimmten Stadium
landwirthschaftlicher Entwickelung bringt man allerdings Roggen
nach Roggen oder Mais nach Mais, ohne daß hier die Pflanzen durch
die Excremente ihrer vorausgegangenen Geschwister vergiftet
würden.

Freilich die Theorie des Fruchtwechsels ist eine sehr vielfältige und mit dem Gesagten keineswegs abgeschlossene. Wenn man die Sache erschöpfender behandeln will, so muß man auch von der Locke=rung des Bodens, von der Ausrottung der überwuchernden Un=kräuter reden. Wir haben nur hier die Gelegenheit benutzt, um einer irrthümlichen Anschauung über Wurzelausscheidungen, die eine gewisse Rolle in der Geschichte unserer landwirthschaftlichen Erkenntniß gespielt hat, entgegenzutreten.

6. Abschnitt.

Wärme und Pflanzenwachsthum.

120. Daß alle einzelnen Vorgänge in der Pflanze von Wärmeverhältnissen abhängig sind, ist, da wir annehmen, daß sie auf chemische und physikalische Processe zurückführbar sind, für uns selbstverständlich. Theilweise haben wir von einer solchen Abhängigkeit auch schon im Bisherigen ausdrücklich Notiz genommen. Bei jedem chemischen Vorgange ist diese Abhängigkeit vorhanden. Nicht umsonst notiren unsere analytischen Handbücher: diese Einwirkung ist in der Wärme vorzunehmen, jene in der Kälte. Wer auf diese Notizen keine Rücksicht nimmt, der wird eine ganze Reihe von Processen nicht oder anders verlaufen sehen, als seine Darstellung bezweckte.

Das Wasser besteht aus den beiden gasförmigen Grundstoffen: Wasserstoff und Sauerstoff. Aber bei gewöhnlicher Temperatur kann ein bloßes Gemisch beider Gase ungehindert als solches bestehen, ohne daß jemals daraus Wasser wird. Wir müssen die Gase auf einen hohen Wärmegrad bringen, auf die Entzündungstemperatur, damit eine chemische Verbindung vor sich geht und aus den beiden Gasen die allbekannte tropfbare Flüssigkeit wird. Wenn wir aber Wasser auf noch höhere Temperatur erhitzen, was wir nur in sehr unvollkommener Weise mittelst rasch wiederholten Durchschlagens von elektrischen Funken

zu bewirken vermögen, ſo kann man die Verbindung wieder
theilweiſe in ihre Beſtandtheile zerlegen. Aehnlich bei den
meiſten andern chemiſchen Vorgängen. Man kann ſie alle als
von zwei Wärmegraden abhängig bezeichnen, unterhalb des einen
und oberhalb des andern ſie nicht vor ſich gehen. Die beiden
Grade ſtellen die beiden Temperaturgrenzen des Vorgangs dar.

121. Im Grunde iſt das Verhalten der lebenden Weſen
gegen die Wärme ein durchaus ähnliches. Nur daß die einzelnen Vorgänge in viel empfindlicherer Weiſe von den Temperaturen abhängig ſind, vermuthlich weil ſie viel complicirterer Natur ſind und durch eine ganze Reihe von chemiſchen Einzelpro-
ceſſen bedingt. Natürlich verſtehen wir dabei auch nicht, warum
gerade dieſer oder jener Wärmegrad die Grenze bezeichnet,
aber doch nur, weil unſere Einſicht in die Natur des betreffenden
Lebensvorgangs eben eine ſehr beſchränkte iſt.

Und da Dasjenige, was wir Leben eines Weſens nennen,
doch Nichts weiter iſt als eine Anzahl von einzelnen Lebensvor-
gängen, ſo muß auch das Leben innerhalb ähnlicher Grenztemperaturen eingeſchloſſen ſein, vorausgeſetzt, daß es ſich nicht um
Vorgänge handelt, die ohne Schaden für den Organismus längere oder kürzere Zeit aufgehoben bleiben können.

122. Wenn ſo die Grundzüge der Beeinfluſſungen des
Pflanzenlebens von der Wärme ohne Weiteres verſtändlich ſind,
ſo müſſen wir uns im Einzelnen doch überall an die Erfahrung
halten, um etwas praktiſch Richtiges und Wichtiges über dieſe
Abhängigkeiten ausſagen zu können. Wir können wohl von vornherein ausſprechen, daß von den Pflanzen ſo hohe Temperaturen nicht werden ertragen werden können, bei welchen Eiweiß
gerinnt, oder bei denen gar das Waſſer verdampft; denn gelöſtes
Eiweiß und flüſſiges Waſſer ſind eben dem Leben ein für alle
Male unentbehrlich; desgleichen werden auch unter dem Gefrier-

punkt des Wassers sich Lebenserscheinungen nicht mehr abspielen
können. Aber es frägt sich in wie weit bedeutet hier ein Stille-
stehen des Uhrwerks eine definitive Vernichtung des Mechanis-
mus, und welche engere Grenzen sind außer jenen weitern ganz
allgemein vorherzusehenden noch zu verzeichnen?

123. Sodann muß unterschieden werden, zwischen Eigenwärme des lebenden Wesens und der Temperatur der Umgebung, und das ist sogar das Erste, über das wir klar zu werden
uns bestreben müssen. Die höheren Thiere vertragen bekanntlich
nur eine Temperaturschwankung ihres eigenen Leibes von wenigen
Graden; aber trotzdem leben Hunde in tropischen und arktischen
Klimaten, bei Temperaturen, die vielleicht 70° Celsius auseinan-
ander liegen. Dies ist möglich durch die beträchtliche Eigenwärme der warmblütigen Thiere und durch die Regelung dieser
Eigenwärme nach den äußeren Verhältnissen. Bei niedriger
Temperatur athmen die Thiere rascher und erzeugen so bis auf
einen gewissen Punkt, bei welchem die Einrichtung des Organismus versagt, genau diejenige Wärmemenge mehr, die sie nach
Außen hin unter diesen ungünstigeren Umständen mehr einbüßen.
Im allernächsten Zusammenhange damit steigert sich das Nah-
rungsbedürfniß der Thiere mit der größeren Kälte, da eben
Nahrung zu einem großen Theil Brennstoff bedeutet. Auf diese
Weise finden wir die Thiere, obgleich gegen Temperaturände-
rungen ihres eigenen Leibes auf's Aeußerste empfindlich, doch
scheinbar unabhängig von den Wärmeverhältnissen und namentlich bei dicker Behaarung oder Bekleidung sehr hart gegen große
Kälte.

124. Findet sich bei den Pflanzen auch etwas Aehnliches?
— Dieselben athmen und tragen daher einen Fond für Eigenwärme in sich. Allein die Größe dieser Athmung ist in der
einfacher organisirten Pflanze nicht in jener merkwürdigen Weise

regulirt, daß Kälte Wärme erzeugt und wieder Wärme Kälte. Die Pflanzenathmung steigt vom Gefrierpunkt ab ungefähr in demselben Verhältnisse wie die gewöhnlichen Temperaturgrade und steigt so lange, bis die Pflanze durch die Erwärmung stirbt. Wohl kann man an einzelnen Pflanzen in der Blüthe an den sich befruchtenden Theilen eine Erhebung ihrer Eigenwärme um viele Grade über die äußere Temperatur wahrnehmen; aber dieser Vorgang wickelt sich nur ab, wenn schon an sich eine günstige Temperatur in der Umgebung herrscht. Im Allgemeinen ist die eigene Wärmeerzeugung der Pflanzen ganz gering, und sie ist gerade dann ganz verschwindend, wenn sie am meisten einer Erhöhung ihrer Eigenwärme bedürftig wären. Wir können also für unsere Betrachtungen, namentlich da, wo es sich um das praktisch wichtigere Verhalten bei niedrigen Wärmegraden handelt, von einer Eigenwärme der Pflanze absehen und die Temperatur der Umgebung dafür setzen.

125. Daraus folgt nun schon, daß die Gewächse für eine Veränderung ihrer Eigenwärme ungleich unempfindlicher sind als die Thiere, selbst wenn wir die kaltblütigen, die eine Art Zwischenstellung einnehmen, dem Vergleiche zu Grunde legen. Denn wäre Beides vereint, Empfindlichkeit gegen Veränderung der Eigenwärme und Unfähigkeit, dieselbe den äußern Umständen entgegen zu reguliren, so könnten auf unserm Planeten höchstens einige Inseln der Südsee von solchen Organismen bewohnt sein.

126. Aus dem Mangel der Erzeugung einer beträchtlichen Eigenwärme folgt auch noch etwas Anderes für die Lebensbedingungen der Pflanzenwelt. Bei den Gewächsen wird die natürliche oder künstliche Bekleidung mit schlechten Wärmeleitern lange nicht die Bedeutung haben als bei den Thieren. Die letzteren können mit einem dichten Pelze versehen, oder gehörig vermummt, beinahe beliebig niedrige äußere Kälte ertragen, da der

Wärmeverlust nach Außen auf diese Weise ebenso vermindert wird, als herrschte eine hohe sommerliche Temperatur. Was soll aber einer Pflanze im Winter die Bekleidung nutzen, da in dieser Jahreszeit ihre Wärmeerzeugung ohnehin eine unmerk= liche ist? — Allerdings wir binden unsere Rosenstöcke und andere empfindliche Gewächse im Winter in Stroh ein, aber nur um sie vor dem schroffen Temperaturwechsel der äußeren Umgebung ein wenig zu schützen. Niemals können wir hoffen auf diese Weise ein Gewächs zu bestimmen, gleich wie im Sommer zu er= grünen und lustig zu vegetiren, während der Wechsel der Jah= reszeiten für das Leben fast aller warmblütigen Thiere beinahe spurlos vorübergeht.

127. Die einzelnen hervorstechenden Lebenserscheinungen der Pflanzenwelt sind in ziemlich ähnlicher Weise von der Skala der Temperatur abhängig. Athmung wie Wachsthum, Sauer= stoffausscheidung aus den grünen Pflanzentheilen wie der Vor= gang des Ergrünens heben bei 0 ° oder wenige Grade über dem Null= punkte an, um meistens bis gegen 30 ° C. hinzuzunehmen und nahe bei 40 ° C. zu erlöschen. Unterhalb Null und oberhalb 40 ° sind bei allen höheren Gewächsen die positiven Lebenserscheinun= gen erloschen; aber wenn man die Pflanzen nur kürzere Zeit bei solchen außerordentlichen Temperaturen erhält, so braucht der Tod noch nicht einzutreten. Also die bloße Fähigkeit, neuer= dings zum Leben zu erwachen, ist durchweg innerhalb etwas weiterer Temperaturgrenzen eingeschlossen.

128. Die größten Unterschiede, die dann zu verzeichnen sind, betreffen weit mehr die verschiedenen Pflanzentheile, als die verschiedenen Pflanzenarten. Lebhaft vegetirende, d. h. also sprossende, wachsende Organe sind ungleich empfindlicher als die zeitweise für das Leben verlorenen Dauerorgane. Was von unseren Gewächsen im europäischen Winter übrig bleibt, jene

ausgetrockneten scheinbar todten Gewebe des Samens, und bei mehrjährigen Gewächsen, des Stengels und der Wurzel mit ihren schlummernden Knospen ist außerordentlich widerstandsfähig gegen außerordentliche Temperaturen, namentlich auch gegen grimmige Kälte. Und die Armuth an dem allvermittelnden Wasser ist ein gutes Merkzeichen für diese große Widerstandsfähigkeit. Wenn wir die Samen nicht trocken aufbewahren, wenn wir sie im Wasser quellen lassen, und wenn sie dann in Augenblicken günstiger Wärmeverhältnisse zu keimen beginnen, dann ist es mit jener außerordentlichen Widerstandskraft vorbei, und die Keimpflanzen erliegen dem ersten Froste. Ebenso wenn die noch dürren Knospen in den warmen Tagen eines vorzeitigen Frühlings aus dem Holze des Stammes Feuchtigkeit in sich einsaugen und sich zu entfalten beginnen, dann erliegen sie, nachdem sie doch im Winter 20° Kälte ohne Schaden ertragen haben, einer einzigen Frostnacht. Machen doch diese bekannten Erscheinungen einen guten Theil der Befürchtungen unserer ackerbauenden Bevölkerung aus, und ist doch die Zeit der Aussaat in unserm praktischen Betriebe am Meisten durch die Voraussicht von stätigeren Wärmeverhältnissen bestimmt.

129. Freilich haben auch die einzelnen Pflanzenarten Verschiedenheiten in ihren Wärmebedürfnissen aufzuweisen, und namentlich ist ihre verschiedene Empfindlichkeit gegen tiefe Temperaturen bekannt genug. Raps, Roggen und Weizen bauen die Landwirthe im gemäßigten Klima als Winterfrucht, weil sie wissen, daß bei diesen auch die aufgegangene Saat herbe Fröste ohne Schaden erträgt. Tritt dabei in harten und schneearmen Wintern eine Schädigung, das sog. Auswintern ein, so liegt dies nicht einmal vorzugsweise an dem Erfrieren der widerstandsfähigen Pflänzchen, sondern ist vielmehr in einem Zerreißen der Würzelchen, in einem Abheben der Pflanzen von dem

nährenden Grunde in Folge der wiederholten Ausdehnung der
Erde durch das Gefrieren begründet. Es ist viel mehr ein
Vertrocknen wie ein Erfrieren. — Andere gegen den Frost em=
pfindlichere Gewächse wie die Kartoffeln und der Mais oder gar
Tabak, Gurken und Kürbisse können natürlich nicht in dieser
Weise kultivirt werden.

Viele niedrige Gewächse, wie namentlich die in warmen
Quellen lebenden grünen und grauen Algen, sind dann durch
eine große Unempfindlichkeit gegen höhere Temperatur aus=
gezeichnet — eine Thatsache, die kaum ein erhebliches praktisches
Interesse besitzt.

130. So wenig wir nun im Allgemeinen im Stande sind,
die Gründe anzugeben, warum diese oder jene Temperaturgrenzen
dem Bestehen der Pflanzenwelt gezogen sind, so sind doch die
Tödtungsursachen bei niedrigen Wärmegraden in neuerer Zeit
der Gegenstand von freilich keineswegs abgeschlossenen Unter=
suchungen geworden. Es handelte sich dabei zunächst darum,
eine volksthümliche und liebgewordene Vorstellung über den
Grund des Erfrierens zu bekämpfen, ohne daß es bisher ge=
lungen ist, etwas Definitives und Bejahendes an die Stelle jener
zu setzen. Eine in physikalischen Dingen noch etwas naivere
Zeit dachte sich das Erfrieren der Pflanzen einfach als eine Folge
der Ausdehnung des Wassers beim Gefrieren. Daß saftreiche
Pflanzentheile bei starkem Froste in Folge des Gefrierens ihres
Wassers starr werden, ist eine Jedermann zugängliche Thatsache.
Solche steifgefrorenen Pflanzentheile welken dann meistens beim
Aufthauen rasch ab und sind dann abgestorben. Man dachte
sich also einfach, daß der sich beim Gefrieren ausdehnende wässrige
Zellinhalt die zarte Hülle sprenge, genau wie man gesehen hatte,
daß auf diese Weise starke Wasserflaschen zerbrochen werden.

Nun hätte vielleicht schon der bloße Hinblick auf die That=

sache, daß verschiedene Gewächse bei sehr verschiedenen Tem=
peraturen erfrieren, daß die zarten Bewohner unserer Treibhäuser
einem Maienreif zum Opfer fallen, während eine Kohlstaude
den ganzen rauhen deutschen Winter, ohne viel Schaden zu
nehmen, im Freien verbringt, von dieser Erklärung, oder
wenigstens von der Ausschließlichkeit derselben abmahnen
sollen. Sodann sind ja die Zellhäute sehr elastisch und werden
durch Dehnung nicht so leicht gesprengt. Auch das Steiffrieren
ist lange nicht ein sicheres Merkmal für das Erfrieren. Doch
hat man der Frage eine nähere wissenschaftliche Untersuchung
gewidmet, und die hat dann übereinstimmend die völlig ent=
scheidende Thatsache an das Licht gebracht, daß in den aller=
meisten Fällen die Art und Weise des Aufthauens für den Ein=
tritt des Absterbens den Ausschlag gibt. Wer die pikante Aus=
drucksweise liebt, kann also, ohne weit fehl zu greifen, den Satz
aufstellen: Die Pflanzen erfrieren nicht durch das Ge=
frieren, sondern durch das Aufthauen.

Das Entscheidende dabei ist immer die Langsamkeit der
Temperaturübergänge. Wenn man eine hartgefrorene Rübe in
warmes, aber an sich noch unschädliches Wasser wirft, so ist sie
unrettbar verloren. Der Zellsaft, sammt etwa darin gelösten
Farbstoffen, tritt theilweise aus. An die Luft gebracht, wird
sie rasch schlaff und zersetzt sich. Niemals ist sie wieder fähig,
Blattknospen aus sich heraus zu entwickeln. Aber ganz dieselbe
steifgefrorene Rübe kann dem Leben erhalten bleiben, wenn
man das Aufthauungsgeschäft sehr langsam vornimmt, dadurch,
daß man sie in eiskaltes Wasser legt und dieses sich sehr langsam
erwärmen läßt. Eine ganze Reihe von bekannten Erfahrungen
und gärtnerischen Regeln besagt dasselbe. Ein nicht allzu em=
pfindliches Blatt im gefrornen Zustande mit den warmen Fingern
angefaßt, geht wohl genau an der berührten Stelle zu Grunde,

während andere Theile und benachbarte Blätter, sich selber über-
lassen, noch gerettet werden können. Gefrorene Krautköpfe wirft
man auf einen Haufen zusammen, damit die Erwärmung durch
die Sonne nur langsam einwirken kann u. s. w.

131. Andererseits hat man die Thatsache nachzuweisen
vermocht, daß auch bei den empfindlichsten erotischen Gewächsen
ein Erfrieren nur eintritt, wenn der Nullpunkt wirklich erreicht
wird, d. h. wohlverstanden von der Pflanze. Die umgebende
Luft kann immerhin noch etwas wärmer sein, wenn in klaren
Nächten die festen und namentlich die fein vertheilten Gegenstände durch Strahlung ihre Temperatur so weit erniedrigen,
daß der sich an ihnen niederschlagende Thau gefriert und sie,
wie wir uns ausdrücken, bereifen. Das spricht immerhin dafür,
daß die tiefgreifende Aenderung, welche das Wasser bei Null
Grad durch sein Starrwerden erleidet, etwas mit dem Erfrieren
zu thun hat. Dadurch wird jedenfalls eine abweichende, dem
Leben unzuträgliche Anordnung der die Zellen aufbauenden
Stofftheilchen bewirkt, und es ist nur die Frage, ob diese Theilchen
nach Aufhebung des Banns ihre alte, natürlichere Gleichgewichts-
lage wiederfinden. Hierzu ist wie zu einem jeden chemischen
Vorgang eine gewisse Zeit erforderlich, welche bei verschiedenen
Pflanzen sehr verschieden groß ist. — Auf diese Allgemeinheiten
beschränkt sich zur Zeit unsere Wissenschaft von der Ursache des
Erfrierungstodes bei den Pflanzen.

Merkwürdig bleibt einstweilen noch die mehrfach bestätigte
Thatsache, daß manche erfrorene Pflanzen, welche durch Aufthauen zu retten sind, doch durch tiefere Kältegrade unwider-
ruflich erfrieren können, und daß sie manchmal wohl ein ein-
maliges, nicht aber ein wiederholtes Gefrieren ohne Schaden ertragen. Nach neueren Anschauungen spielt doch die Zellenzerreißung,
namentlich durch das Anschießen von Eiskrystallen in den Inter-

cellularräumen, außer dem schon geltend gemachten eine neben=
sächliche Rolle.

132. Niedere Pflanzenformen sind im Allgemeinen wie
gegen höhere Wärmegrade so auch gegen sehr tiefe besonders
unempfindlich, wie ja mit der Einfachheit der Organisation
die Widerstandsfähigkeit gegen die brutalen äußern Gewalten
ganz allgemein zusammenzugeben pflegt. Für die Pilze der
Bierhefe hat man nahe bei 100° C. unter Null die Erfrierungs=
temperatur noch nicht aufgefunden. Man kann also sagen, diese
kleinen Wesen können überhaupt nicht erfrieren.

133. Ueber die besondere Abhängigkeit einzelner Vorgänge
des Pflanzenlebens Angaben zu machen, liegt dem Zwecke dieser
Darstellung fern. Von Interesse ist es nur hervorzuheben, daß
das Wachsthum der Pflanzen ganz allgemein bei gewissen
mittleren Temperaturen am Raschesten verläuft, während darunter
und darüber eine Abschwächung eintritt, bis bei den Grenz=
temperaturen endlich das Wachsthum erlischt. Allein diese
mittleren Wärmegrade liegen für unsere Gegenden fast immer
oberhalb der gewöhnlich in der Natur erreichten, so daß praktisch
die gewöhnliche Ausdrucksweise, je höher die Wärme, je schneller
das Wachsthum, doch ganz zutreffend ist. Z. B. der junge
Weizen wächst am raschesten ungefähr bei 29° C., langsamer
bei 24° und bei 34°; aber Wachsthum ist noch möglich bis
herunter zu etwa 7° und herauf bis gegen 43°. Außerhalb
dieser Grenzen wächst er nicht mehr, aber er lebt noch, bis er
endlich bei etwa 45° und so und so viel unter Null abstirbt.
Da die Luft und die stark verdunstende und sich dadurch er=
kältende Pflanze aber nur an sehr heißen Sommertagen 29° C.
überschreitet, so können wir für unsere wirklichen Verhältnisse
auch sagen, starke Wärme begünstige das Wachsthum.

Diese verschiedenen Wärmegrade liegen nun natürlich auch

für verschiedene Pflanzen etwas verschieden. Für wärmebedürftige Pflanzen liegen alle die einzelnen Stufen einige Grade höher; das gegebene Bild bleibt aber immer ein ähnliches.

134. Andere Lebensvorgänge wie die Pflanzenathmung scheinen fortwährend mit der steigenden Temperatur zu wachsen, bis dann plötzlich ein jäher Abfall nahe an der Tödtungs= temperatur der Pflanze erfolgt. Da die Athmung von Null ab auch sonst genau in denselben Verhältnissen wie unsere von da an gezählten Grade zu wachsen scheint, so haben die „Wärme= summen," bis dahin ein sehr willkürlich gewählter und unwissen= schaftlicher Ausdruck, eine gewisse Bedeutung für die Abschätzung der von einer Pflanze oder einem Pflanzentheil vollzogenen Ge= sammtathmung. Man hat z. B. häufig behauptet, daß die Knospen eines Baumes im Frühjahr dann aufbrächen, wenn die Anzahl der Tage von Neujahr ab, mit den Wärmegraden dieser Tage vervielfacht, eine gewisse immer gleiche Summe, die Wärme= summe gäbe, woraus man also genau den Tag des Aufbrechens bestimmen könne. Zwei Tage von 7° Wärme sollten z. B. eben so viel vorwärts bringen wie einer von 14°. Einer ähn= lichen Wärmesumme sollten auch die Feldgewächse in den ver= schiedensten Klimaten bis zur Erreichung ihrer Fruchtreife be= dürfen, obwohl man mit der Einpassung der Thatsachen in diesem letzteren Falle weit weniger glücklich war. Nun ist klar, daß bei der festgestellten Abhängigkeit der Athmung von der Temperatur die Wärmesummen wenigstens maßgebend sind für die durch Athmung verbrannte Substanz, und wenn sich heraus= stellen sollte, daß mit einer bestimmten, ein für allemal fest= stehenden Athmung eine Knospe geschickt wäre aufzubrechen, daß in der Athmung nur eine Art vorbereitender Arbeit geleistet würde, so würde in das reine Erfahrungsgesetz der Wärme=

summen vielleicht trotz Allem noch ein wissenschaftlicher Sinn gebracht werden können.

135. Die Kenntniß der Wärmeansprüche der Gewächse hat ihre Consequenzen sowohl für die praktischen Maßregeln zur Behütung unserer Kulturen vor schädigenden Temperatureinflüssen als auch für das Verständniß der geographischen Verbreitung der Pflanzen. In Bezug auf den letzteren Gegenstand mögen hier einige Worte genügen. Da die Wärmeverhältnisse mit großer Regelmäßigkeit über die Erdoberfläche vertheilt sind, während andere Vegetationsbedingungen, wie Nässe und Trockenheit, Bodenreichthum und Armuth daselbst sehr willkürlich zerstreut sind, so ist es klar, daß die Pflanzenvertheilung, setzen wir nur eine gewisse Wanderungsfähigkeit der Gewächse voraus, in erster Linie durch die Temperaturen geregelt sein werden. In der That ist diese Anordnung so in die Augen springend, daß wir geradezu von der tropischen Vegetation, von der Vegetation der gemäßigten Zone, von der arktischen Vegetation u. s. w. reden, wobei jede besondere Zone ihre eigenthümlichen Pflanzenarten in sich einschließt.

136. Trotzdem zeigen die geographischen Grenzen des Vorkommens eines natürlichen, oder des Anbaues eines kultivirten Gewächses ihren besonderen Verlauf, der auch durch den lokalen Charakter der übrigen Lebensbedingungen sich nicht immer erklären läßt. Ich meine natürlich hier nicht Abweichungen von den Breitegraden, die ja keineswegs ganz streng über Ländereien von gleichen Temperaturverhältnissen hinführen, sondern Abweichungen von den Linien, welche die Orte gleicher mittlerer Jahreswärme mit einander verbinden, und die wir Isothermen nennen. Warum Isothermen und Breitegrade nicht zusammenfallen oder warum Orte, die das Jahr hindurch in ganz gleicher Weise von der Sonne beschienen werden, nicht gleich

warm sind, ist bekannt genug. Die nähere und unregelmäßige
Gestaltung unserer Erdoberfläche ist daran Schuld, daß warme
und kalte Meeresströmungen die Küsten der Continente um=
spühlen und dort die Temperatur über Gebühr erhöhen, dort dieselbe
herunter drücken. Die verschieden große Erwärmungsfähigkeit
von Wasser und Land ist daran Schuld, daß Binnenländer im
Sommer sehr heiß, im Winter sehr kalt, daß Inseln und Küsten=
länder mehr ausgeglichen in ihrer Temperatur erscheinen.

Die letztere Thatsache trägt nun aber dazu bei, etwas von
den aufgeworfenen Fragen zu erklären. Ungleichartige Vertheilung
einer und derselben Jahrestemperatur über Winter und Sommer
muß für das Pflanzenwachsthum von empfindlichem Einfluß
sein, da ja in der Regel nur ein Theil des Jahres als Vege=
tationsperiode in Betracht kommt, da es sich vielfältig um Ver=
meidung schädlicher Grenztemperaturen und nicht blos um die
gleiche Wärmesumme handelt. Berücksichtigen wir dies, so ist
alles Uebrige leicht zu erklären. Die Abweichungen der Nord=
grenzen der (in der Kultur) einjährigen Gewächse sind alle in dem
Sinn, daß sie im Continentalklima zu höheren Breiten hinaufsteigen.
In Sibirien kann noch Weizen gebaut werden, bei einer mitt=
leren Jahrestemperatur von Null Grad, wo also im Verlaufe
der Jahreszeiten das Thermometer ebenso oft unter als über
dem Eispunkt steht. An der Nordspitze von Schottland erlischt
diese Möglichkeit schon bei einer Jahreswärme von 8° C. Dies
einfach deßhalb, weil es für diese Kultur beinahe nur auf die
Sommertemperatur ankommt, und die letztere für das conti=
nentale Sibirien eine verhältnißmäßig hohe ist. Den Sommer=
gewächsen folgt dann noch der Weinstock in seinen Abweichun=
gen von den Isothermen, weil es sich für diesen zu einer nutz=
bringenden Kultur um eine hohe Sommertemperatur handelt, die,
wie wir uns ausdrücken, viel Stärke in die Beeren wandern läßt

und in Zucker verwandelt, die, wie der Volksmund spricht, die Trauben garkocht.

Die übrigen baumartigen Gewächse zeigen Abweichungen im umgekehrten Sinne, weil ihnen, die zum Ueberwintern im Freien gezwungen sind, allzustarke Winterkälten und Spätfröste im Frühlinge eine Grenze setzen. Man denke an die immergrünen Laubhölzer Süd-Englands, die schon den ungarischen oder tyrolischen Winter nicht mehr ertragen.

137. An allen diesen Gesetzmäßigkeiten und Beengungen vermag der Mensch für seine Zwecke nicht viel zu ändern; er muß die Grenzen, welche die Natur seiner Landschaft gesetzt anerkennen. Höchstens kann er ausgehen auf die Zucht und die Auswahl geeigneter und widerstandsfähiger Varietäten. Namentlich wird er gern Sämereien verwenden, die durch vorausgehenden Anbau in einem härteren Klima die Unbilden der Witterung gewohnt oder besser gesagt durch natürliche Auswahl auf dieselben gezüchtet sind; von ihnen kann er sich dann ein um so freudigeres Gedeihen unter den günstiger dargebotenen Verhältnissen versprechen.

138. Sodann besitzt der Mensch einige ganz direkte Mittel, um den ungünstigsten Temperaturen, die auch in diesem Falle wieder die unteren Grenzen des Pflanzenlebens sind, zu widerstehen, von denen eines der merkwürdigsten und theoretisch interessantesten erst in neuester Zeit wieder vielfach empfohlen worden ist. Wir sprachen schon bei dem Erfrierungstode der Pflanzen von einer selbstständigen Abkühlung derselben weit unter die Temperatur ihrer Umgebung — wir sagten durch Wärmestrahlung. Gerade wie die Sonne die Erde bestrahlt durch einen Weltraum hindurch, der selber sehr kalt bleibt, gerade so strahlen die erwärmten Gegenstände der Erde wieder ihre Wärme in den Weltenraum und werden dadurch kälter. Es ist Dies ein

ewiges Geben und Empfangen, und ob ein Körper wärmer wird oder kälter, darüber entscheidet nur die Bilanz aus diesem fortlaufenden Conto. Natürlich tritt der Verlust in's Uebergewicht Nachts, wenn die Sonne unsere Hälfte der Erde nicht bescheint; ob dabei mehr oder weniger verloren wird, darüber entscheidet die Klarheit der Luft. Ist ein Schirm von Wolken vorhanden, so wird die Strahlung in wirksamer Weise verhindert; oder vielmehr die ausgesandten Strahlen werden von diesem Schirme zurückgeworfen. Daher kommt es natürlich, daß der rohe Volksverstand dem Mondschein die kalten Nächte zumißt. Der Mond scheint nur in klarer Nacht, er ist ein Zeichen für den Zustand der Atmosphäre, in welchem viel Wärme durch Strahlung verloren geht, gerade wie der vorrückende Zeiger einer Uhr, das Zeichen für die schwindende Zeit ist, und nicht die Zeit erst macht.

Könnte man also in gefährlichen Frühjahrsnächten, wo wie beim Weinbau in wenig Stunden das Loos über den kostbaren Ertrag des ganzen Jahres geworfen wird, den Zustand der Luft etwas in der Weise abändern, daß die Pflanzen wenigstens nicht kälter werden können als die Luft selber ist, so dürften dafür schon einige Mühe und Kosten verwendet werden. Das Mittel, was schon der tastende Verstand alter und ungelehrter Völker in dieser Richtung aufgespürt hatte, ist erst in neuester Zeit einer wissenschaftlichen Erklärung zugänglich geworden. Es ist dies die schon von den Römern und den Ureinwohnern Peru's geübte Raucherzeugung oberhalb der bedrohten Grundstücke. Man macht einfach durch Entzündung qualmender Stoffe in klaren und natürlich auch windstillen Nächten künstliche Wolken, wenn die natürlichen fehlen.

Und zwar sind es, wie eingehende Untersuchungen lehren, nicht blos die undurchsichtigen Theile des Rauches, welche die

Strahlung hindern. Tyndall hat gezeigt, daß alle möglichen gasförmigen aber schwerflüchtigen Substanzen, wie sie massenhaft durch unvollständige Verbrennung entstehen, unter anderen auch ganz durchsichtiger Wasserdampf, die Durchstrahlbarkeit der Luft für die dunkeln Wärmestrahlen aufs Aeußerste beeinträchtigten.

Dann ist nicht blos Gewicht zu legen auf die Vermeidung der tiefsten Temperatur durch Beschränkung der Strahlung, sondern ebenso auf die Verhinderung eines raschen Temperaturübergangs der erstarrten Triebe. Auch dies leistet der Rauch, indem er noch Morgens über dem Boden lagernd, die ersten Sonnenstrahlen von der Pflanze abhält. Man hat erst in neuester Zeit auch diese Seite der Methode mit ins Auge gefaßt.

Soweit die Theorie dieses merkwürdigen Verfahrens. Ob die Praxis gerade in unseren Klimaten sich mit ihr befreunden wird, ist freilich eine andere Frage. Wir haben heut zu Tage viele künstlich aufgeputzte Puppen ohne inneres Leben unter den Methoden der sog. rationellen Landwirthschaft, und die Probezeit ist in dem vorliegenden Falle noch nicht überstanden. Aber für die Theorie ist es hochwichtig, von einer jeden Möglichkeit einer erneuten Ausdehnung der Herrschaft über die Natur Notiz zu nehmen, weil nur die Erweiterung unseres Geistes uns eine Anwartschaft auf dies Endziel alles praktischen Strebens gibt.

Druck von Gebr. Unger (Th. Grimm) in Berlin, Schönebergerstr. 17a.

Verlag von WIEGANDT, HEMPEL & PAREY in Berlin.

Handbuch des
Futterbaues auf dem Ackerlande und der Fütterung
der landwirthschaftlichen Nutzthiere.
Von Dr. Hugo Werner,
Professor der Landwirthschaft und Administrator der Gutswirthschaft zu Poppelsdorf bei Bonn.
Mit 76 Holzschnitten auf 35 Tafeln.

Immer mehr bricht sich die Ueberzeugung Bahn, dass sich nur durch rationellere und ausgedehntere Viehzucht in der deutschen Landwirthschaft entsprechend höhere Reinerträge erzielen lassen und deshalb dem Futterbau auf dem Ackerlande, sowie richtigen Fütterungsmethoden nicht genug Aufmerksamkeit geschenkt werden kann.

Diese Gesichtspunkte haben den Verfasser, welchem Wissenschaft und praktische Erfahrungen in hohem Maasse zur Seite stehen, bei seinem Werke geleitet Die Eintheilung des Buches ist folgende:

I. Allgemeiner Theil: Pflanzenphysiologische Untersuchung des Wachsthums der Futtergewächse und ihre chemische Constitution. Die pflanzengeographischen Regionen, in denen die Futtergewächse gedeihen. Verschiedenheit der Futtergewächse in Bezug ihrer Ansprüche an den Boden. Die Stellung der Futtergewächse in der Fruchtfolge. Die Culturmethoden der Futtergewächse. Die Erntemethoden der Futtergewächse. Die Erträge u. Nahrungsbestandtheile der Futtergewächse. Die Fütterungsperioden, in denen die Futtergewächse Verwendung finden.

II. Besonderer Theil: Kleearten und kleeartige Futtergewächse. Gräser. Krautartige Futtergewächse. Gemengesaaten und Anlage der Weiden. Hackfrüchte.

III. Angewandter Theil: Die Stellung der Futtergewächse in der Wirthschafts-Organisation. Die Weidewirthschaft. Die Sommerstall-Fütterung. Die Winterstall-Fütterung.

Ein starker Band in Gross Octav. Preis M. 16. —

Handbuch der landwirthschaftlichen Pflanzenkunde
und des Pflanzenbaues.
Von Dr. Chr. Ed. Langethal,
Prof. a. d. Universität u. Lehrer d. Landwirthsch. a. d. Grossh. Sächs. Lehranst. f. Landwirthe zu Jena.
Fünfte vollständig neu bearbeitete Auflage.

Erster Theil: Gras und Getreide.
Deren Arten, Formen, Wachsthum, Kultur und Gebrauch.
Mit 107 in den Text gedruckten Holzschnitten. Preis M. 5. —

Zweiter Theil: Klee- und Wickpflanzen.
Deren Arten, Formen, Wachsthum, Kultur und Gebrauch.
Mit 59 in den Text gedruckten Holzschnitten. Preis M. 4. —

Dritter Theil: Hackfrüchte, Handelsgewächse u. Küchenkräuter.
Deren Arten, Formen, Wachsthum, Kultur und Gebrauch.
Mit 171 in den Text gedruckten Abbildungen. Preis M. 6. —

Nachdem dieses berühmte Handbuch, welches schon in vier starken Auflagen verbreitet war, in unsern Verlag übergegangen, hat es Herr Professor **Dr. Langethal** einer gänzlichen, dem Standpunkt der neuesten Erfahrungen entsprechenden Umarbeitung unterworfen. Wir unsererseits haben es uns angelegen sein lassen die äussere Ausstattung des Werkes seinem inneren Werth entsprechend zu bewirken, bessere und naturgetreuere Abbildungen der landwirthschaftlichen Kulturpflanzen als die 337 Holzschnitte des Langethal'schen Werkes sind vielleicht noch niemals veröffentlicht. — Das Buch ist jetzt in der That eine Zierde für die Bibliothek jedes Landwirths und ein wahrer Schatz für den rationellen Betrieb.

Zu beziehen durch jede Buchhandlung.

Verlag von WIEGANDT, HEMPEL & PAREY in Berlin.

Lehrbuch der Landwirthschaft

auf wissenschaftlicher und praktischer Grundlage

von Dr. Guido Krafft,

Docent der Landwirthschaft an der K. K. technischen Hochschule in Wien.

Mit zahlreichen in den Text gedruckten Holzschnitten.

Herr Professor Dr. **Julius Kühn** in **Halle** referirt über das Werk in der „Deutschen Landwirthschaftlichen Presse" vom 28. April 1875, wie folgt:

Je mehr eine wissenschaftliche Disciplin sich erweitert und vertieft, um so dringenderes Bedürfniss werden gute, von sachkundiger Hand geschriebene Lehrbücher, welche zeitweise die wichtigsten sichergestellten Resultate in systematischer Gliederung zusammenfassen. Sie sind nicht nur dem Lernenden unentbehrliche Führer, sondern lassen auch dem Erfahrenern eine grössere Vielseitigkeit und einen gründlicheren Ueberblick gewinnen. Allerdings gehört die Abfassung eines guten Lehrbuches zu den schwierigsten Aufgaben. Ganz besonders gilt dies von einem Lehrbuch der Landwirthschaft, weil es sich auf sehr mannigfaltigen Grundlagen aufbauen muss und ein kritisches Urtheil in sehr heterogenen Gebieten des Wissens voraussetzt. Um so grössere Anerkennung verdient aber auch hier jeder Versuch, welcher ernstlich bestrebt ist, den zu stellenden Anforderungen möglichst gerecht zu werden. Dies ist nun in bester Weise der Fall bei dem im ersten Bande vorliegenden **Lehrbuch der Landwirthschaft** von Dr. **Guido Krafft**. — Gestützt auf eine tüchtige naturwissenschaftliche Bildung, sowie auf Kenntniss der landwirthschaftlichen Technik unter den verschiedensten Betriebsverhältnissen, giebt Herr Dr. Krafft in klarer, ebenso wissenschaftlicher, wie allgemein verständlicher Darstellung zunächst die Grundzüge der **allgemeinen Ackerbaulehre**. Die treffliche Behandlung dieses ersten Theiles der Landwirthschaftslehre berechtigt zu den günstigsten Erwartungen für Fortführung und Abschluss des ganzen Werkes. Es ist dasselbe zur allgemeinsten Beachtung und Anschaffung angelegentlichst zu empfehlen.

Halle a. S., April 1875. Professor Dr. **Julius Kühn**.

I. Band: Allgemeine Ackerbaulehre.

Einleitung. I. Das Pflanzenleben. II. Der Boden. III. Die natürliche Lage. IV. Die Melioration. V. Die Bodenbearbeitung. VI. Die Düngung. VII. Die Saat. VIII. Die Pflege. IX. Die Ernte. Mit 133 Holzschnitten.

II. Band: Pflanzenbau.

Einleitung. I. Die Mehlfrüchte. II. Die Hülsenfrüchte. III. Die Oelfrüchte. IV. Die Gewürzpflanzen, der Hopfen und die Weberkarde. V. Die Farbepflanzen. VI. Die Blattpflanzen. VII. Die Knollen und Wurzelfrüchte. IX. Die Futterpflanze. Anhang: I. Die Wiesen. II. Die Weiden. Mit 163 Holzschnitten.

III. Band: Die Thierzucht.

A. Allgemeine Thierzucht: Einleitung. I. Das Thierleben. II. Die Züchtung. III. Die Ernährung und Pflege. B. Besondere Thierzucht: I. Die Pferdezucht. II. Die Rindviehzucht. III. Die Schafzucht. IV. Die Schweinezucht. V. Die Federviehzucht. Mit zahlreichen Racebildern und anderen Holzschnitten.

VI. Band: Betriebslehre.

Einleitung. I. Die landwirthschaftlichen Productionsmittel. II. Die Betriebseinrichtung. III. Die Betriebsleitung.

Band: Preis 4 Mark.

Zu beziehen durch jede Buchhandlung.

Verlag von WIEGANDT, HEMPEL & PAREY in Berlin.

Der
Landwirth als Thierarzt.

Die Krankheiten der Hausthiere,
ihre Erkennung, Heilung, Behandlung und Verhütung.

Von Dr. Richter,

Kgl. Veterinär-Assessor, Departements-Thierarzt und Lehrer an der Universität zu Königsberg i. Pr

Mit mehreren Hundert in den Text gedruckten Holzschnitten.

Die meisten sogenannten „Vieharzneibücher" haben dem Viehstand der Landwirthe mehr geschadet als genützt; sie geben zwar zahlreiche und viel fach auch richtige Recepte zur Heilung dieser oder jener Krankheit, aber über den schwierigsten Theil der Thierheilkunde, die Diagnose, d. h. über das richtige und schnelle Erkennen der eingetretenen Krankheit und das jeweilige Stadium derselben lassen sie im Dunkeln; darüber findet der Landwirth zur Bereicherung seiner eignen praktischen Erfahrungen oder zur Controle derselben Wenig oder Ungenügendes.

Das beste Recept an unrichtiger Stelle oder zur Unzeit angewandt, is aber das Schlimmste, und vor allen Dingen sollte deshalb jeder Landwirth der thierischen Körper, die Funktionen seiner Organe und jede Abweichung von normalen Aussehen und Benehmen seines Viehs so genau verstehen, dass — bevo der Thierarzt kommt und es vielleicht zu spät ist — die Krankheit richtig erkannt und die erste Hülfe oder Linderung von ihm gegeben ist.

Demnächst hat er, wenn auch ein Thierarzt, der in den seltensten Fälle den Stall täglich besuchen kann, die allgemeinen Anweisungen gegeben, doch selbst seine Patienten zu überwachen und speciell zu behandeln; alles Dinge, die durch Erfahrung in der eignen Wirthschaft allein nicht zu lernen sind und die nur ein Veterinär mit reichen in jahrelanger und ausgebreiteter Praxis erworbenen Erfahrungen lehren kann.

Das Richter'sche Werk soll, meinen wir, dem Landwirth diese Lehren geben ihn vor manchem Schaden bewahren u. manche Erkrankung vielleicht sogar verhüten

Das Buch zerfällt in die beiden Haupt-Abtheilungen Innere und Aeussere Krankheiten und behandelt in systematischer Weise auf Grund der neusten Er fahrungen und Forschungen der Veterinärwissenschaft, aber in verständlicher Form, alle Krankheiten unserer Hausthiere. Dass die Massregeln zur Verhütung von Krankheiten, Ansteckung durch Seuchen, Geburtshülfe etc. ausführlich be handelt werden, ist selbstverständlich.

Dem oben erwähnten Standpunkt entsprechend, ist ein grosses Gewich darauf gelegt, aus dem Buche die Fähigkeit gewinnen zu lassen eine Krankhei schnell und sicher aus den Symptomen zu erkennen. Mit Hülfe selbst der beste Beschreibung ist das aber wie die bisherigen Erfahrungen, fast jedem Landwirth dargethan haben fast unmöglich und deshalb enthält das Werk getreue nach de Natur aufgenommene Abbildungen lebender Thiere in den verschie denen Stadien der hauptsächlichsten Krankheiten.

Der Verfasser, Lehrer der Thierheilkunde an der Universität Königsberg ist als praktischer Veterinär oder durch seine dienstlichen Funktionen als königl Departements-Thierarzt in den weitesten Kreisen bekannt und wir dürfen un daher jeder weiteren Empfehlung des Buches enthalten.

Das Werk erscheint in ca. 10 Lieferungen à 1 Mark.

Zu beziehen durch jede Buchhandlung.

Deutsche
Landwirthschaftliche Presse.

Grosse illustrirte Zeitung für die Interessen der Landwirthschaft

mit Hinzuziehung von

Gartenbau, Forstwesen, Fischerei, Hauswirthschaft, Jagd und Sport.

Chef-Redacteur: Oeconomierath **Hausburg**,

General-Secretair des Deutschen Landwirthschaftsrathes und des Congresses Deutscher Landwirthe.

Die **Deutsche Landwirthschaftliche Presse** hat eine zweifache Aufgabe: sie dient, ohne sich in das eigentliche politische Parteitreiben zu begeben, einerseits der **Landwirthschafts-Politik** und der Förderung gesunder **Volkswirthschaft** in ihren Beziehungen zum *landwirthschaftlichen Betriebe* und andererseits der **Theorie und Praxis der Ackerbau-Technik**.

Die **Deutsche Landwirthschaftliche Presse** zieht alle die Wirthschaftspolitik berührenden Fragen in den Kreis ihrer Betrachtungen, Anträge und Gesetzvorlagen sowohl aus den **gesetzgebenden Körperschaften** (Reichstag und Landtage), als auch aus dem **Deutschen Landwirthschaftsrath** und dem **Congress Deutscher Landwirthe** werden darin zur Discussion gebracht und es wird versucht, Streitfragen auszugleichen und einen Boden zur Verständigung zu schaffen. Ebenso finden Anträge und Verhandlungen der **Deutschen Landwirthschaftlichen Vereine** in der „Presse" ein Central-Organ, welches ihnen eine allgemeine Publicität giebt.

Die **Deutsche Landwirthschaftliche Presse** wird zudem in kräftiger Weise vor allen Dingen auch die *Initiative ergreifen für berechtigte Reformbestrebungen* und ist dazu in einer bevorzugten Lage, denn die nahe Beziehung ihres Chef-Redacteurs zu dem Deutschen Landwirthschaftsrath und dem Congress Deutscher Landwirthe lässt die „Presse" genau orientirt sein über alle wirthschaftspolitischen Vorgänge und vorbereiteten Schritte, während sie doch als

vollständig unabhängiges Organ

rückhaltlos und ohne irgend ein Neben-Interesse lediglich ihrer Ueberzeugung folgt und nur das Wohl und die Interessen der Deutschen Landwirthe zur Richtschnur ihres Auftretens nimmt.

Ihrer zweiten Aufgabe entsprechend ist die **Deutsche Landwirthschaftliche Presse** der Sammelplatz für die Forschungen und Erfahrungen landwirthschaftlicher Wissenschaft und Praxis; kein Gebiet der Landwirthschaft, es mag *Viehzucht, Pflanzenbau, Landwirthschaftsindustrie, Maschinenwesen* etc. sein, ermangelt eingehender Berücksichtigung. Die Praxis soll befruchtet werden durch die Forschungen der Wissenschaft, und die Wissenschaft sich erproben an den Mittheilungen aus der Praxis.

Den Marktberichten über die Preisbewegungen der landwirthschaftlichen Producte, in Aussicht stehenden Conjuncturen etc. wird eine hervorragende Aufmerksamkeit gewidmet.

Ständige Mitarbeiter berichten über die landwirthschaftlichen Zustände *anderer Länder* regelmässig; ein Sprechsaal ist eingerichtet für die Abonnenten und alle Anfragen derselben finden im Briefkasten thunlichst Beantwortung. Ein besonderes Gewicht ist darauf gelegt, dass, wo der Stoff es nur irgend gestattet, die rein doctrinäre, trockene Form der Behandlung vermieden werde und eine **anziehende und unterhaltende Form** an ihre Stelle trete. Vornehmlich wird dieser Rücksicht Rechnung getragen durch ein **interessantes Feuilleton**, ansprechend auch für die Familie.

Gute Abbildungen in Holzschnitt von den besten Künstlern ausgeführt, zieren in der technischen und feuilletonistischen Abtheilung, wo immer es für das Verständniss wünschenswerth erscheint, das auch in jeder anderen Beziehung tadellos ausgestattete Organ. Derartige Abbildungen wechseln ab mit *Portraits von Zeitgenossen, welche sich um die Landwirthschaft verdient gemacht haben.*

Jeden Mittwoch und Sonnabend erscheint eine Nummer.

Preis vierteljährlich 5 Mark (1²/₃ Thlr.). Probe-Nummern gratis und franco.

Bei Bestellung durch die Post beliebe man, zur Vermeidung von Verwechselungen anzugeben:

Im 1875 Post-Zeitungs-Catalog unter No. 927 verzeichnet.

Annoncen, welche wegen der grossen Verbreitung der **Deutschen Landwirthschaftlichen Presse** von gutem Erfolge sind, werden mit 35 Pfennige (= 3¹/₂ Sgr.) per Spaltzeile oder deren Raum berechnet und angenommen von allen Zeitungs-Annoncen-Bureaux sowie von der

Expedition der Deutschen Landwirthschaftlichen Presse 91 Zimmerstrasse, Berlin, S.W.